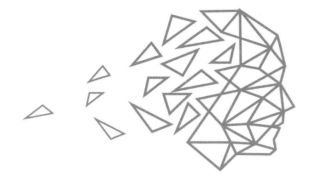

METAVERSE

大话元宇宙

虚拟世界重构未来生活

苏文涛◎编著

本书对元宇宙进行了综合解析,除了介绍元宇宙概念、发展现状外,还对元宇宙的未来进行了展望。本书将理论与相关企业的实践相结合,使书中内容更加生动,便于读者更全面地了解元宇宙,并且随书配备了部分插图的全彩效果图二维码,扫码即可查看。

本书是一本元宇宙项目落地实践指导用书,能够为读者全面了解元宇宙、进行元宇宙相关实践提供帮助,也能够对互联网公司的元宇宙探索、元宇宙领域的创业等提供专业指导。本书适合互联网行业的企业家、创业者,特别是对元宇宙感兴趣的读者阅读。

图书在版编目(CIP)数据

大话元宇宙:虚拟世界重构未来生活/苏文涛编著.—北京:机械工业出版社,2022.7
ISBN 978-7-111-71014-1

Ⅰ.①大… Ⅱ.①苏… Ⅲ.①信息经济 Ⅳ.①F49

中国版本图书馆 CIP 数据核字(2022)第 101523 号

机械工业出版社(北京市百万庄大街 22 号 邮政编码 100037)
策划编辑:李晓波 责任编辑:李晓波 解 芳
责任校对:徐红语 责任印制:张 博
北京汇林印务有限公司印刷
2022 年 8 月第 1 版第 1 次印刷
169mm×239mm · 12.25 印张 · 1 插页 · 189 千字
标准书号:ISBN 978-7-111-71014-1
定价:69.00 元

电话服务 网络服务
客服电话:010-88361066 机 工 官 网:www.cmpbook.com
          010-88379833 机 工 官 博:weibo.com/cmp1952
          010-68326294 金 书 网:www.golden-book.com
封底无防伪标均为盗版 机工教育服务网:www.cmpedu.com

前言
FORWORD

2021年，元宇宙概念在互联网行业迅速蹿红，引起互联网行业、科技界和投资界的广泛关注。作为一个产生于科幻小说、沉寂了30年的概念，元宇宙的翻红能否为互联网的发展指引方向？

元宇宙概念之所以爆火，一方面，沙盒游戏公司Roblox在上市时扛起了元宇宙的大旗，让更多人意识到了虚拟世界的价值；另一方面，游戏与社交领域产生了诸多元宇宙相关实践，展示了元宇宙对于行业发展的进化空间。在此基础上，更多行业中的企业开始进行元宇宙的相关探索，推动元宇宙从概念走向落地。

元宇宙将开辟出新的蓝海市场，深刻变革人们的生活。在这个新兴赛道上，越早入局越能够占据优势竞争地位。很多企业都对元宇宙抱有期待，却找不到前进的方向。针对这个问题，本书系统介绍了元宇宙的概念、应用现状和未来前景。

首先，本书从元宇宙的概念入手解析元宇宙，分析了元宇宙的产业图谱和关键支撑技术。从互联网行业的角度和元宇宙市场的角度分析了元宇宙是如何成为当下发展风口的。元宇宙的到来是大势所趋，而游戏与社交是当下布局元宇宙的核心赛道。

其次，本书对数字孪生和虚拟数字人这两大与元宇宙密切相关的领域做了介绍，数字孪生为元宇宙搭建数字空间，而虚拟数字人是进入元宇宙的必要化身。

最后，本书对元宇宙的未来进行了展望。在元宇宙不断搭建、成熟的过程中，营销虚拟化和经济虚拟化将成为可能，同时，现实世界与元宇宙的交互融合也更加紧密，最终将形成虚拟与真实紧密结合的新生态。

本书在系统地介绍元宇宙理论的同时，也加入了大量的企业实践案例，介绍了腾讯、百度、Meta等企业在元宇宙领域的布局，内容十分丰富。这种理论结合实际案例的叙述方式便于读者理解书中内容，同时具有更好的指导意义，无论是企业家想带领企业进行元宇宙方向的转型，还是想要在元宇宙领域创业，都可以通过本书找到可行的实践方法。

编　者

目录

前　言

第1章　元宇宙：虚拟与现实无缝衔接 / 1

1.1　元宇宙的前世今生 / 1

　　1.1.1　元宇宙前传：从科幻照进现实 / 1

　　1.1.2　架构梳理：元宇宙的构成要素 / 4

　　1.1.3　核心要素：真实性+创造性+闭环经济系统+持续性 / 8

1.2　多元化体验：娱乐+社交+消费 / 12

　　1.2.1　更自由、更出奇的娱乐体验 / 13

　　1.2.2　高度沉浸的多维社交体验 / 14

　　1.2.3　Z世代下的消费体验 / 16

1.3　元宇宙加速：线上化趋势推动+需求爆发 / 19

　　1.3.1　办公、社交线上化发展 / 19

　　1.3.2　技术驱动需求爆发 / 21

第2章　技术驱动：构建元宇宙的关键技术 / 23

2.1　XR：从虚拟界面模糊虚拟界限 / 23

　　2.1.1　何为XR：VR+AR+MR / 24

　　2.1.2　XR提供丰富的沉浸式体验 / 28

2.1.3　多种技术提升 XR 人机交互体验 / 29
　2.2　AI 赋能：元宇宙的生成逻辑 / 31
　　2.2.1　AI 与元宇宙的关系 / 32
　　2.2.2　"AI+云计算"高效提升运算性能 / 33
　　2.2.3　AIGC 成为内容生产的新方式 / 34
　2.3　5G 赋能：元宇宙的通信基础 / 36
　　2.3.1　三大优势提升网络性能 / 36
　　2.3.2　5G 破解 XR 发展瓶颈 / 37
　　2.3.3　5G+6G：万物跑步进入元宇宙 / 39
　2.4　游戏技术赋能：元宇宙的展示方式 / 40
　　2.4.1　游戏上云，为元宇宙提供孵化基地 / 40
　　2.4.2　引擎助力，支持元宇宙空间与内容打造 / 42
　2.5　区块链赋能：认证身份、经济体系和数据安全 / 43
　　2.5.1　解析区块链核心技术和去中心化机制 / 43
　　2.5.2　去中心化经济系统，保障元宇宙稳定运行 / 45
　　2.5.3　去中心化平台，避免数据垄断 / 47

第 3 章　产业图谱：形成从技术到应用的全产业链 / 49

　3.1　从概念到落地：不同企业以不同角度入局元宇宙 / 49
　　3.1.1　科技巨头依托雄厚积累，率先布局 / 49
　　3.1.2　以内容生产为手段，逐鹿新阵地 / 54
　　3.1.3　为用户创作提供工具和服务 / 56
　3.2　产业链：搭建从技术到应用的全场景 / 59
　　3.2.1　硬件层：提供搭建元宇宙的硬件基础 / 59
　　3.2.2　软件层：XR 系统软件的两大阵营 / 61
　　3.2.3　内容层：内容运营与分发 / 62
　　3.2.4　应用层：多种内容渗透多行业 / 65
　3.3　产业趋势：各环节相互融合 / 67

3.3.1 产业链相互融合，软硬件相辅相成 / 67

3.3.2 多方面发力，全面布局元宇宙生态 / 69

第4章 行业风口：元宇宙是互联网发展的新形态 / 71

4.1 互联网的发展推动元宇宙的形成 / 71

4.1.1 互联网阶段性发展，终局是元宇宙 / 71

4.1.2 元宇宙，下一代算力和人机交互平台迭代的产物 / 74

4.2 元宇宙是互联网的下一站 / 76

4.2.1 互联网发展存在瓶颈，元宇宙是突破口 / 77

4.2.2 数字化和元宇宙的发展路径趋同 / 78

4.3 剑指全真互联网，互联网行业迎来大洗牌 / 81

4.3.1 全真互联网VS元宇宙：不同的出发点，同一个归处 / 81

4.3.2 布局全真互联网，连接虚与实 / 83

第5章 市场爆发：元宇宙带来发展新方向 / 85

5.1 元宇宙市场中的机会 / 85

5.1.1 新投资机会：元宇宙领域投融资爆发 / 85

5.1.2 新商业机会：现实商业模式的复刻与创新 / 88

5.2 更多玩家加码，市场风起云涌 / 93

5.2.1 华为内外布局，搭建元宇宙生态 / 93

5.2.2 英伟达发布Omniverse平台，开启虚拟协作新时代 / 95

5.2.3 百度进军元宇宙，发布元宇宙产品《希壤》 / 97

5.2.4 HTC聚焦VR技术，研发VR设备+构建元宇宙生态链 / 99

5.3 新秀纷纷崛起，融资动作不断 / 100

5.3.1 微美全息的元宇宙之路 / 101

5.3.2 环球墨非创新模式，助力元宇宙数字资产交易 / 102

5.3.3 底层技术、硬件产品、行业应用，虚拟世界在元宇宙中步步为营 / 103

第6章 核心赛道：游戏和社交是元宇宙的关键场景 / 107

6.1 游戏+元宇宙：游戏是元宇宙扩展的基础 / 107
- 6.1.1 从游戏到元宇宙有迹可循 / 107
- 6.1.2 去中心化游戏更接近元宇宙 / 110
- 6.1.3 沉浸：元宇宙式的新体验 / 112
- 6.1.4 游戏厂商入局，加紧研发元宇宙游戏 / 113

6.2 社交+元宇宙：社交是元宇宙的重要活动形式 / 115
- 6.2.1 技术升级推动社交方式进化 / 115
- 6.2.2 "年轻人的社交元宇宙" Soul提出社交新玩法 / 116
- 6.2.3 主打沉浸感，VR社交提供不一样的体验 / 118

第7章 数字孪生：元宇宙的世界蓝图 / 121

7.1 以虚助实，数字孪生稳步发展 / 121
- 7.1.1 数字孪生：以数字技术打造数字空间 / 121
- 7.1.2 数字孪生的核心要素和特点 / 123
- 7.1.3 数字孪生VS元宇宙 / 124

7.2 聚焦虚拟世界，数字孪生走向元宇宙 / 125
- 7.2.1 以数字孪生构建元宇宙场景 / 126
- 7.2.2 数字孪生加速各行业向元宇宙进化 / 127
- 7.2.3 华为基于河图打造数字孪生世界 / 128

第8章 虚拟数字人：为人类进入元宇宙提供方案 / 131

8.1 技术更迭之下，虚拟数字人智能化发展 / 131
- 8.1.1 虚拟数字人：人的外貌+人的行为+人的思想 / 131
- 8.1.2 从2D到3D，虚拟数字人趋近真实 / 133

8.2 多场景应用，虚拟数字人走进现实 / 135
- 8.2.1 虚拟偶像：新一代"超级明星" / 135

8.2.2　虚拟员工：全天在线的工作小能手　/　137

　　8.2.3　虚拟主持人：AI驱动，智能多场景播报　/　139

8.3　聚焦技术，探索进入元宇宙的通道　/　140

　　8.3.1　聚焦多场景应用，推出虚拟数字人解决方案　/　140

　　8.3.2　瞄准个人虚拟形象打造，开放虚拟数字人技术　/　141

　　8.3.3　发力内容生产，打造虚拟IP　/　142

第9章　营销虚拟化：元宇宙营销大有可为　/　145

9.1　元宇宙催生数字营销新模式　/　145

　　9.1.1　营销产品：数字产品代替实体产品　/　145

　　9.1.2　营销对象：瞄向虚拟形象　/　147

　　9.1.3　营销手段：虚拟KOL成为营销新宠　/　148

　　9.1.4　营销场景：虚拟营销场景提升用户体验　/　150

9.2　品牌动作不断，迎接新变革　/　151

　　9.2.1　元宇宙营销的底层逻辑　/　151

　　9.2.2　传统品牌的虚拟探索：多路径进军元宇宙　/　152

　　9.2.3　虚拟品牌顺势发展：Tribute Brand深受喜爱　/　154

第10章　经济虚拟化：与现实连通的虚拟经济　/　156

10.1　元宇宙依托经济体系长久运行　/　156

　　10.1.1　数字经济迭代，元宇宙经济崛起　/　156

　　10.1.2　元宇宙经济的核心要素　/　157

10.2　数字内容资产化，NFT成为核心凭证　/　159

　　10.2.1　NFT明确数字资产价值，助力数字资产流通　/　159

　　10.2.2　NFT游戏爆发，"Play to Earn"成为趋势　/　160

　　10.2.3　NFT商品火热，交易频繁　/　161

　　10.2.4　NFT交易平台纷纷上线　/　163

第11章 融合生态：虚拟与现实完美交融 / 165

11.1 技术发展，虚实融合更加自然 / 165
11.1.1 由实到虚：VR全感官沉浸，加深沉浸感 / 165
11.1.2 引虚入实：AR虚拟场景，助力虚实相融 / 166
11.1.3 脑机接口：人与元宇宙的终极连接 / 168

11.2 新生态颠覆现实生活 / 169
11.2.1 平台互通，形成更自由的虚拟世界 / 169
11.2.2 全方位覆盖，现实活动走向虚拟化 / 170
11.2.3 人与世界关系走向数字化 / 171

第12章 未来前景：长路漫漫但前景光明 / 173

12.1 元宇宙之路道阻且长 / 173
12.1.1 技术困境：难以实现大规模沉浸体验 / 173
12.1.2 普及困境：元宇宙概念尚待普及 / 174
12.1.3 信息风险：数据合规收集与管理方案尚不成熟 / 175
12.1.4 失控风险：技术和用户双重失控风险 / 176
12.1.5 治理风险：缺乏完善统一的运行规则 / 177

12.2 可行的实践带来光明前景 / 178
12.2.1 游戏实践：在游戏世界中搭建元宇宙雏形 / 178
12.2.2 办公实践：Com2uS开启元宇宙办公新世界 / 180
12.2.3 交易实践：虚拟艺术品和虚拟土地交易频繁 / 181

参考文献 / 184

Chapter One
第 1 章

元宇宙：虚拟与现实无缝衔接

在不远的未来，手机和键盘将会消失，人们可以借助智能眼镜进入一个虚拟与现实结合的、亦真亦幻的世界。在这个世界中，身处异地的人们可以参加同一场演唱会，可以足不出户看遍各地美景，甚至可以将工作和生活全部搬到虚拟世界中。在元宇宙这个虚拟与现实结合的生态中，这些存在于电影中的想象或将变成现实。

1.1 元宇宙的前世今生

2021 年，元宇宙如同一颗炸弹，引爆了整个虚拟现实（Virtual Reality，VR）和增强现实（Augmented Reality，AR）行业，各大互联网企业和投资机构也纷纷加码布局。但时至今日，元宇宙始终未形成一个公认的定义。甚至有人断言：一千个人眼中就有一千种元宇宙。即便如此，越来越多的人开始意识到元宇宙作为一项前瞻性或革命性技术趋势的重要意义，对其日益关注。要想深刻理解元宇宙，有必要探究一下它的发展历程、构成要素和核心属性。

1.1.1 元宇宙前传：从科幻照进现实

2036 年 12 月 31 日傍晚，北京某医院，忙碌了一天的 Frank 松了松连体衣腰间的皮扣，倒不是他对这一代全感应自循环装备有什么不满，可现在毕竟是下班了。重新戴上 AR 眼镜，他在语音提示下说出了目的地。今晚是跨年夜，他约了远在爱尔兰进修的未婚妻一起晚餐，并领略一场享誉全球的无边界演唱会。

餐厅建在一比一还原的月亮金字塔顶端，这在物理世界里是绝无可能的。Frank 还没在带有浓厚阿兹特克风格的餐厅门口站定，未婚妻小文带着一股香风向他走来。Frank 拉起她的手步入了餐厅，边走边给她讲起当天上午，杜克医学院的教授如何通过远程专家协同系统，手把手地教自己调整冠状动脉支架的角度。

餐毕，两人用虚拟货币付了账单和小费后，转移到了金字塔前的广场空间里，无边界演唱会已经开始了。悬浮于高空的舞台上，当全球 36 位著名歌手的虚拟形象用不同语言同步唱起经典的 *Remember Me* 时，Frank 注意到公告牌上的同时在线人数为 1.6 亿人……

读到这里，你可能会以为自己打开了一部科幻小说，但事实是，上述涵盖了工作和生活，能够使虚拟和现实无缝衔接的崭新世界，就是本书要讨论的"元宇宙"。

元宇宙是英文单词"Metaverse"的译称，由"meta（超越）"和"universe（宇宙）"两个单词组合而成。该词最早来源于美国科幻作家尼尔·斯蒂芬森在 1992 年出版的小说《雪崩》(*Snow Crash*)，作者在小说中描述了一个超现实主义的数字空间。人们怀揣着不同的目的，借助 VR 设备和"Avatar（虚拟化身）"进入一个与现实物理世界截然不同的虚拟空间，这个由人类创造的虚拟空间就是元宇宙。受其影响，在此之后出现了很多带有元宇宙痕迹的作品，如电影《黑客帝国》系列、《头号玩家》《失控玩家》，游戏《赛博朋克 2077》，动漫《刀剑神域》等。其中，以 2018 年上映的《头号玩家》最为知名。

在《头号玩家》的原著小说《玩家一号》(*Ready Player One*) 中，描述了一个被称为"绿洲"的与现实物理世界平行的虚拟空间。"绿洲"里有繁华的都市、形形色色的虚拟玩家、令人应接不暇的各种活动项目，还有能够映射到现实世界的经济系统。在这里，现实世界中的娱乐、社交、教育，甚至工作、医疗等活动以及所有的社会关系，都能够实现。人们可以成为任何人、做任何事，当然也需要遵守"绿洲"里的规则。电影《头号玩家》则是将小说场景可视化后，以电影叙事手法将元宇宙鲜活地带入了大众的视野。

2021 年 3 月，沙盒游戏平台 Roblox（中文译名为罗布乐思）头顶"元宇宙第一股"的标签在纽约证券交易所上市，上市首日收盘估值高达 452 亿美元，是其 11 个月前 G 轮融资的 11 倍多。与 2014 年 Facebook 斥资 20 亿美元收购 Oculus，从而点燃了 VR 行业如出一辙。

Roblox 的上市正式将元宇宙带进了现实，同时也吸引了全球诸多技术从业者的目光。在其招股书中，Roblox 将自身业务类别界定为"Metaverse"，该术语通常用于描述虚拟世界中持久的、共享的 3D 虚拟空间……伴随着功能日益强大的计算设备、云计算和高带宽互联网的出现，Metaverse 正逐渐变成现实。

与传统的游戏公司不同，Roblox 既向玩家提供游戏，也为玩家精心打造了能够自己创作游戏的开发者工具 Roblox Studio，并且在很早以前就率先推行云游戏模式：借助云端服务器有效降低玩家的游戏成本。这两项行之有效的举措不仅吸引了 700 余万名创作者在其平台上开发了超过 1800 万个游戏，更是吸引了全球超过 1.6 亿的月度活跃用户，而在刚刚过去的 2021 年，其日活跃用户创纪录地达到了 4940 万人。

普遍观点认为，Roblox 成功的秘诀在于它打破了游戏和社交的界限，成功构建了平台、创作者、玩家多维交互的良性循环。而分析其收入构成后不难发现，除了虚拟货币（Robux）充值和广告收入这一经典的游戏公司商业模式外，Roblox 还结合自身优势，积极布局编程教育，如从 2018 年起联合腾讯推出了多个项目，为我国广大学生提供了编程和游戏设计课程。

2021 年 12 月 31 日，Roblox 以近 600 亿美元的总市值给 2021 年这一公认的"元宇宙元年"画上了圆满的句号。除了带给率先入局的元宇宙拓荒者以更大信心外，也吸引着越来越多的人关注并准备投身于元宇宙这一技术甚至是社会发展方向。那么，究竟如何去定义元宇宙呢？

通观国内外行业内的各种定义可以发现，以当前的技术发展阶段和行业认知水平，很难从内涵和外延给元宇宙以准确的定义。但综合其共同点仍有助于人们更好地理解元宇宙。《雪崩》中将元宇宙描述为一个"由计算机模拟、与真实世界平行的虚拟空间"，而相比于书中的描述，当前互联网语境下的元宇宙有了更丰富的含义，那就是基于新一代信息技术（人工智能和区块链技术等），以虚拟现实（VR）和增强现实（AR）等计算机视觉技术为主要载体，通过数字孪生等方式，由计算机模拟而成的高度沉浸式、高度智能、具备完备经济系统和身份认证体系、与真实物理世界平行的可长期持续的虚拟世界。

元宇宙扎根于云端，因此无处不在；它开放性地包容各类创造，因此功能上包罗万象。未来，飞速发展的元宇宙不仅包括当下大热的游戏、娱乐、社交等，人们的很多工作也可以在元宇宙里完成。这就能理解为何众多从业者和投资人坚信元宇宙必将成为建立在新一代计算平台上的新一代互联网了。

1.1.2 架构梳理：元宇宙的构成要素

为数众多的科幻作品中不乏对"元宇宙"的描绘，从中虽不难发现各类技术的影子，但很难勾勒出全貌。人们需要严谨地梳理元宇宙的技术架构，从其架构和构成要素分析入手，更全面地理解元宇宙是什么，当前处于何种发展阶段。具体而言，元宇宙由 8 层基本要素构成，见表 1-1。

表 1-1 元宇宙的 8 层技术架构和基本要素

层　　级	基 本 要 素
第 1 层：体验层	又称功能层，包括游戏、娱乐、社交、购物、工作等
第 2 层：发现层	又称服务层，包括应用商店、广告系统，是解决用户、商品、内容、积分、消息等跨应用服务功能的中间层，是虚实结合功能中心
第 3 层：工具层	又称创作层，包括交易中心、配置中心，以及为 UGC、PGC 赋能的设计工具、建模工具、非同质化代币（Non-Fungible Token，NFT）等
第 4 层：去中心化层	核心是身份认证系统、以虚拟货币为轴心的经济系统，以及涵盖共识算法、非对称加密算法、时间戳和智慧合约等在内的区块链技术
第 5 层：智慧层	AI（人工智能），包括机器学习等技术
第 6 层：空间计算层	以多物理场数字孪生技术为中心，包括 3D 引擎、3D 地理信息系统、SLAM（即时定位与地图构建）技术等
第 7 层：交互层	包括 VR、AR、下一代移动终端、可穿戴设备，围绕视觉、声音、眼球、手势、触觉反馈等的交互方式，以及脑机接口、机器人技术等
第 8 层：基础设施层	包括 5G/6G、云计算、边缘计算等网络通信基础设施，以及系统芯片、处理器芯片、图形芯片、存储芯片、传感器技术等

1. 体验层

这是距离用户最近的一层，其主要展现形式为覆盖各行各业各类场景的应用程序，如游戏、娱乐、会展、体育、教育、商业服务、文博旅游、广告、零售、金融等。通过跨越时空、物质与虚拟的界限，为用户提供无限接近"真实"的超凡体验。真实首先体现在沉浸感层面，超过16K的分辨率水准和接近自然习惯的人机交互方式，将带给用户真正身临其境的感官体验。同时，以虚拟化身进入元宇宙的用户，可以与强人工智能加持下的虚拟人进行各种交互。既可以将各类线下活动搬到线上，也可以创造各式各样的新玩法。不过需要注意的是，站在人们对面的虚拟人可能不是非玩家角色（Non-Player Characters，NPC），而是在地球另一端的某个真实用户。

以 Roblox 平台上的 *LiveTopia*（闪耀小镇）为例，这款累计访问突破 6.2 亿次、用户数超过 9 位数的元宇宙游戏，成功地在虚拟世界里创造了一套完整的城市系统。用户可以自由选择喜欢的角色身份，开创并体验属于自己的故事，比如把在"小镇"上获得的土地，建设成自己在元宇宙里的家，如图 1-1 所示。

扫描查看彩图

图 1-1 *LiveTopia* 游戏

2. 发现层

发现层旨在为体验层众多程序解决跨应用服务问题，如用户中心、商品中心、内容中心、消息中心、积分中心等。此外，发现层中的应用商店，其重点在于解决吸引用户进入元宇宙的途径问题，无论是通过应用商店进行被动式内容分发，还是用户主动通过搜索引擎寻找，其逻辑和形式与移动互联网下的 App Store 是一致的，包括广告推荐系统。

特别值得一提的是虚实结合功能中心，作为连接物理世界和虚拟空间的纽带，虚实结合覆盖了从应用程序到中间功能中心和相关工具配置，甚至包括特定的交互方式。这是由元宇宙的特性和发展决定的，也是元宇宙在工作场景中的渗透率逐步提高的必然趋势。

3. 工具层

元宇宙的迷人之处，很大部分在于其开放性——任何人都可以进入，并参与创造。工具层着重解决的就是在元宇宙初级阶段，为用户提供创作所需的设计、建模等技术手段，协助用户解决创作工具复杂、创作流程烦琐和创作成本高昂的难题。随着相关工具的不断升级，创作的难度和成本也会不断下降。如此可以吸引更多的用户参与到元宇宙创作中，最终推动元宇宙内容生态的繁荣。

而促使生态运作的原动力，是一套可持续的经济系统。交易中心、NFT、去中心化自治组织（Decentralized Autonomous Organization，DAO）等都是其重要构成部分。如在 Roblox 搭建的创作者经济系统中，用户可以通过创作或参与游戏获得虚拟货币，并可在交易中心将虚拟货币兑换成真钱（286 个 Robux 可以兑现 1 美元）。

4. 去中心化层

去中心化层聚焦于解决身份认证、确权和虚拟货币这三大关键问题。元宇宙脱胎于现实物理世界，用户在虚拟空间中的身份认证需要和现实世界相联系，并且可以追溯，否则所有的元宇宙原则、运行规则将无法做到可持续。

用户在元宇宙中的存在感、对元宇宙施加的影响，以及由此带来的无与伦比的体验，也将无从谈起。在元宇宙中，用户身份将以特定编码进行标识，连同所有操作指令都将用公私钥签名的方式加以管理，从而确保用户对其身份的绝对主权。

用户在元宇宙中进行创造，其行为本身、从始至终的创造过程和成果物，都应该被记录，并作为唯一可追溯的不可篡改的证据用于对成果物的确权。而资产的流动，除去唯一性授权外，虚拟货币作为元宇宙一般等价物的地位将日益得到承认。

5. 智慧层

AI作为模拟、延伸甚至扩展人类智能的新兴技术，可以高效地帮助人类更好地认识和理解现实世界。元宇宙作为物理世界的映射，也必然在AI的理解范围之内。如果说AI的主要分支中，模式识别更多依赖于物理传感器对事物表征和现象形式的分析、处理与解读，因此更适用于物理世界；那么相对而言，机器学习、数据挖掘和智能算法，则可以在虚拟世界中发挥更加举足轻重的作用。

元宇宙的基础属性（如真实性和永续性）的实现必然需要AI的介入。例如，用户在元宇宙中的任何随机行为，如踢向一块石子，理应得到诸如石子的位移、用户脚部疼痛等反馈，单纯依靠程序预先设定是不现实的，必须借助于深度学习算法。元宇宙的永续性不仅体现在宏观层面，也反映在微观个体身上，例如，在用户下线后，其虚拟化身可以基于历史数据和用户设定，继续在元宇宙中生存、探索。

6. 空间计算层

近些年来，数字孪生技术的日益成熟为智慧城市赋予了新的内涵，而元宇宙则进一步扩大了数字孪生行业的想象空间。在将物理世界映射到虚拟空间的过程中，无论其形式发生何种变化，多物理场数字孪生技术将始终处于中心地位。与之紧密相关的3D引擎、三维地图、即时定位与地图构建（SLAM）技术等，也会在日益成熟的基础上，在元宇宙技术架构中扮演承上启下的重要角色。

7. 交互层

有一种认可度颇高的元宇宙界定是"构建于 AR 眼镜上的下一代互联网",从中足见 AR(也包括 VR)头戴式智能显示设备作为元宇宙载体甚至入口的重要性。一方面,视觉处理系统作为人类感官的主要源头,在过去的 5000 万年里没有呈现出太多进化的改变,并始终作为连接内外部世界的交互"接口";另一方面,元宇宙下的虚拟空间需要和现实的人发生交互,则必须要被看到、被听见、被触控、被感受等。

因此,侧重于显示的 VR、AR 眼镜和围绕视觉、声音、眼球、手势、触觉反馈等的交互方式,都有助于用户在元宇宙中获得更自然、更符合直觉的体验。未来,伴随着更轻量的可穿戴设备、更敏锐的微型传感设备和消费级的脑机接口等的出现和迭代,用户在元宇宙中的体验会更加真实,行动也会更加自由,越来越接近于《头号玩家》和《失控玩家》中的样子。而机器人技术的发展,则为元宇宙场景对现实世界的交互映射增添了更多可能。

8. 基础设施层

基础设施层更像元宇宙的地基。通信技术、高性能低功耗的芯片、云计算或边缘计算、传感技术等,多数正以超越摩尔定律的速度在飞速迭代。以发展的眼光看,这些底层技术的演进无疑将会带给元宇宙用户更好的连接、更高的带宽和运行速度、更低的延迟、更稳定的运行环境和更低的能耗,也将加速元宇宙时代的到来。

1.1.3 核心要素:真实性+创造性+闭环经济系统+持续性

无论当下互联网行业的热情有多高,不可否认的是,元宇宙仍处于萌芽阶段。未来,成熟的元宇宙是何种样式或形态,多数人目前仍只能从科幻作品中寻找答案。在从内涵角度探讨了元宇宙的概念后,接下来有必要围绕其核心要素探索成熟的元宇宙所应具备的特征,从而为读者从外延角度揭示未来元宇宙的面貌。

在国外的众多文献中，Roblox 的招股书中列举的元宇宙八大要素最具代表性。

1）身份：人们在元宇宙中的虚拟化身。

2）朋友：人们可以在元宇宙中通过虚拟化身结识朋友并进行社交。

3）沉浸感：元宇宙需要为人们提供超强的沉浸体验。

4）低延迟：人人交互、人机交互时可以实现实时反馈。

5）多元化：元宇宙需要有丰富的内容，并支持人们通过多样的方式创作内容。

6）随地：支持人们在任何地点、借助多种终端进入元宇宙。

7）经济系统：元宇宙中需要有完善的经济系统，同时需要和现实中的经济系统相关联。

8）文明：随着越来越多的人参与到元宇宙的建设中并在其中工作和生活，元宇宙将成为人类文明的重要载体。

相对之下，腾讯研究院对元宇宙核心特征的描述，多了很多东方色彩。

1）实时和真实：元宇宙中的一切要素都以足够真实的感官效果为基础。动作捕捉、数字孪生等技术以及更直观和拟真的交互方式是构建虚拟世界的基础。

2）心流：元宇宙通过丰富的内容、沉浸的体验和自然的交互，使人们进入更强大、更持久的心流状态。

3）平台性：元宇宙可以容纳大量的平台和各类用户生成内容（User Generated Content，UGC），为用户带来无限的故事性和玩法丰富度。

4）社交：元宇宙能够打破物理空间的界限，为用户提供高互动、高参与感的社交体验，以丰富的线上社交玩法促使线下社交活动向线上转移。

5）可互操作性：通过将游戏中的物品存储在去中心化的区块链中，人们可以拥有各种虚拟财产，并将其带到不同的虚拟世界。

6）经济系统：不止现实中的资产可以通过数字化的形式进入元宇宙，人们在元宇宙中的创作成果也可以转化成虚拟财产。个人和企业都可以进行虚拟财产的创造、存储和投资等行为。

7）开放性：元宇宙向所有人开放，在这个完善的生态系统中，创作者可以通过创作获得合理收入，用户的消费、交易等行为也会受到保护。

在一项公认的技术趋势尚未成型前，对其的研究和描述必然只能停留于探索阶段，自然也就失去了评判高低的必要。君子和而不同，百家争鸣本身就是对于元宇宙魅力和未来发展的一种认可。但在综合了国内外行业的代表性观点后，仍不难得出一些共性的要素或特征：元宇宙的理想状态是提供覆盖方方面面的功能和丰富内容，为海量在线用户提供极致真实的沉浸式体验，并基于足够安全的身份认证、确权机制等形成完善的社交体系和闭环经济系统，能够映射现实物理世界文明并与之双向互动的、开放的、持续的巨大数字虚拟空间。

归纳而言，现阶段公认元宇宙应具备四个核心特征，如图1-2所示。

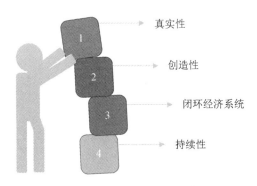

图1-2　元宇宙的四个核心特征

1. 真实性

2003年，后来被公认的元宇宙首款游戏《第二人生》(*Second Life*) 上线，顶峰时曾有数十万玩家进入游戏，创造了一个价值超过5亿美元的游戏内GDP，并曾荣登《商业周刊》封面。尽管由于当时元宇宙要素的"群聚效应"尚未成熟，最终导致该游戏逐步凋零，但其探索无疑是成功的。该游戏成功的关键就在于其真实性，其在现实世界中是可以实现的，多数都可以在《第二人生》中被模拟出来。

当然，元宇宙的真实性体现在多个方面：首先必须基于现实世界来构建，作为主角的人和物理世界的基础规则，能够完美映射到元宇宙中，这样才有可能"源于真实而高于真实"。这其中，数字孪生和人工智能技术可以被广泛应用在元宇宙中搭建真实的新世界蓝图；其次，虚拟现实和增强现实技术的日渐成熟，能够给用户带来真正身临其境的体验感；在交互方面，感应器、人机交互、机器人技术从不同层面让用户在元宇宙中能够自由活动，使人们在现实世界中各种习以为常的方式得以延续。越自然，越真实。

2. 创造性

UGC 的优势在于能够在短时间内快速为平台汇聚大量的内容。这也是 Roblox 平台成功的一项关键要诀——UGC 及配套的内容审核机制、确权机制和经济机制，还有由此形成的开放、自由的氛围。

开放性和自由是元宇宙创造性赖以生存的土壤。元宇宙作为下一代互联网，必须像互联网一样基于开放标准或协议。封闭的系统只会导致垄断，从而使用户的信息、数据沦为个别企业盈利的工具。

功能强大、好上手、易精通的设计创作工具是 UGC 平台赋能用户的必要手段，也是元宇宙的来源。它们与内容审核机制、确权机制和经济系统共同构成了元宇宙中的创造者生态。在元宇宙中，任何人都可以通过创造做出贡献、获得认可和收益，甚至将工作和生活都搬到元宇宙中。

3. 闭环经济系统

人类社会的发展已经高度经济化，由人类的虚拟化身构成的元宇宙同样需要完善的经济系统，并且要与现实世界的经济系统连通。在这个系统中，围绕虚拟化身的各项权益，从其产生、确认、追溯、交易、转移到消亡，都需要有规则也必定会出现完备的规则，从而构成一个虚实结合、逻辑自治的闭环经济系统。

特斯拉董事长埃隆·马斯克坚信，在永恒的创世冲动基础上，模拟出一套虚拟空间一直是人类文明的发展必然。进入到 21 世纪的今天，这种模拟呈现出"超现实"的特点：将真实世界同化进模拟世界，进入虚实融生的新阶段。而贯穿元宇宙与现实世界的闭环经济系统，则成为超越两个世界相同规则或冲突规则之上的基础规则，位居核心地位，发挥轴心作用。

4. 持续性

无论是否脱胎于人类内在对于永生的不懈追求，持续性都可以被理解为元宇宙所有核心特征的归宿。而真实性、创造性和闭环经济系统，则是分别从不同维度在保障着元宇宙的可持续。所以从宏观的时间维度上看，如果把元宇宙比作一个游戏，那么它应该是一个永不结束的游戏。这种持续性体现在两个方面：一方面，元宇宙不会随着运营公司的消亡而消亡，能够跨越企业兴衰的周期，甚至主权实体的兴衰周期；另一方面，物权的效力期也应该是永续的。特别需要指出的是虚拟人的权利，包括其自我感知和神经系统的控制权，也应是持续的。

而从微观角度看，人工智能的发展让人类在元宇宙中的虚拟化身得以"永不宕机"。无论是用户本人下线休息还是生命体征消亡，在既定的规则下，虚拟化身完全可以从"玩家"转化为 NPC（非玩家角色），继续在元宇宙中生存。前几年在韩国，一位母亲通过 VR 与患病去世的女儿重逢的视频感动了无数人，部分佐证了此种做法的合理性与价值所在。当然这在技术上是完全可行的：用户的互联网痕迹为虚拟化身提供了充分的数据基础，而强人工智能（AGI）的发展则可以赋予 NPC 以"灵魂"，前提是元宇宙解决了伦理规则的问题。

1.2 多元化体验：娱乐+社交+消费

每天，数亿用户享受着互联网和移动互联网带来的各种便利体验，但这并不是终点。伴随着消费升级，用户的需求层次日益提高，也日趋个性化。这些积聚起来的新需求，随着用户渗透的低龄化等因素呈现出崭新的特点。在指明了行业发展方向的同时，也对从业者提出了与以往全然不同的挑战。用户普遍追求突破物理和技术限制，向往自然的全新、全面、全真的互联网体验。这些可以在元宇宙中得到满足吗？这是一个需要时间来验证的问题。但是当前，人们可以从互联网用户使用场景最为集中的娱乐、社交和消费三个方面来验证一二。

1.2.1　更自由、更出奇的娱乐体验

你去过的最大规模演唱会有多少观众？5万人？9万人？即使在曾经全球最大的巴西马拉卡纳体育场听一场演唱会，所容纳观众的极限也仅为22万人。那么，一场有上千万人参与的演唱会是什么样的呢？

现实中的天方夜谭，在虚拟世界中却触手可及。2020年4月，虚幻引擎开发商Epic Games在其旗下大热游戏《堡垒之夜》中，携手美国著名说唱歌手特拉维斯·斯科特，推出了一场名为"星际恢宏（Astronomical）"的沉浸式演唱会，共吸引了多达2770万观众。

演唱会一开场，斯科特化身为巨人，如同天外来客般降落到舞台上，引发观众的持续尖叫。在接下来的表演过程中，演唱会的场景也极具梦幻：极光、星空、烟花等元素不断变换，观众所处的空间也不断更替，时而翱翔至太空，时而沉入海底，伴随着动感的音乐，上千万观众获得了无与伦比的感官体验。在场的主播也不停地用"炫酷""炸裂"等词汇来描述这场在游戏中呈现的视觉盛宴，如图1-3所示。

扫描查看彩图

图1-3　演唱会中的奇幻场景

主办方Epic Games提供的数据表明，这场演唱会不仅为2770万游戏用户提供了美妙的"现场体验"，还吸引了超过300万名观众蜂拥至直播平台观

看,可谓取得了巨大的成功。但其成功之处并不局限于演唱会的规模,以及演唱会后深受震撼的观众在各大社交平台上的持续刷屏,而是它成功地探索出了一条将音乐、娱乐融入元宇宙的有效途径。

不仅是演唱会,各种类型娱乐在元宇宙中都可以大放异彩。与当下相比,即使在开放性极强的互动游戏中探索未知大陆,或在人山人海的音乐会现场为偶像欢呼等,这种相对单一的娱乐体验的同质化局限性日益凸显。

而在元宇宙中,娱乐是无限的。受众不限,规则不限,边界无限,体验无限。在元宇宙中娱乐,用户不是被动的参与者,其可以是主动的创作者。凭借各种创作工具去设计新的娱乐项目、增加新的关卡,甚至突破规则去影响甚至改变娱乐项目本身。元宇宙能够支持多元化的体验,如在游戏中自由奔跑跳跃、与其他用户深度交流、推广自己创造的新规则、拥有自己的玩家俱乐部等。

此外,元宇宙带来的娱乐体验并不局限于游戏领域。与 VR、AR 技术紧密结合的文博旅游领域,也能够为用户提供多样的娱乐体验。国内外多家企业(如 Lonely Planet、成都观界创宇等)都进行了积极的探索。例如,利用全景拍摄和建模技术,将名胜古迹、自然风光、特色人文等,以及各类展馆、画廊、博物馆中的珍品,以全景图片、360°视频,甚至虚实结合的应用程序等形式装进 VR 头显里。用户足不出户就可以饱览天下美景,甚至来一场跨越时间和空间的"穿越"之旅。

受限于当前的 VR 技术,上述许多场景都是静态的,是程序预设好的,用户在其中能做的只是被动地观赏。而在未来的元宇宙中,用户可以约上身处异地的好友,以虚拟化身的方式一起边看展、边交流对作品的看法,还可以在虚拟环境中与作家见面,聆听甚至参与作家的创作故事。

1.2.2 高度沉浸的多维社交体验

社交是元宇宙中公认的、令人兴奋的话题之一。几乎在互联网发展的每个阶段,社交都是当之无愧的核心赛道,国内外均有社交领域的领导者,比如 Facebook 和腾讯。而以这两家企业为首的社交巨头也纷纷将元宇宙社交作为重要的探索方向。

正如 4G 时代初期，几乎没有人能够准确预测短视频对于社交产品的深度影响一样，5G 乃至 6G 技术的逐步成熟，同样无法让从业者对元宇宙社交有足够清楚甚至统一的认知。一切"只缘身在此山中"。但略加比较分析几家互联网社交巨头在元宇宙产品等方面的动作，不难从"形式"与"内容"两方面得出足以令亿万用户兴奋的事实。

高度沉浸是元宇宙社交与传统社交在形式上的本质区别。这种身临其境的沉浸感来源于两个方面的技术演进：一方面，借助新型 VR 头显和各类交互设备，使用户可以虚拟化身进入元宇宙空间。这一化身并非是 2D 图片或者被动的视频影像，而是三维的、个性的、唯一的另一个你。在社交过程中，用户的感官感受会被仿真技术充分照顾，用户的整体体验水平会无限接近于物理世界；另一方面，数字孪生和快速 3D 建模技术使得元宇宙能够为用户提供无限接近真实世界的社交空间，使用户得以延续在物理世界中的社交习惯。比如，用户可以在元宇宙提供的咖啡厅、公园、餐厅等社交场所里谈天说地、唱歌或聚会。

多维体验是新的"升维"体验——完全基于个人兴趣图谱的新社交。以往，无论是线下社交还是线上社交，都会受到诸如时空等物理条件的限制。用户的社交需求得不到充分展开，更谈不上完全满足个人的兴趣爱好。

但元宇宙可以淡化现实社会中的种种社交障碍：用户可以自主定义虚拟化身，按照个人喜好，自由选择参与的活动和交往的对象。即每个用户可以充分挖掘自己的兴趣图谱，从而在每个细分的兴趣维度上都能找到志同道合的朋友，展开独一无二的社交。用户个人的兴趣爱好被充分尊重，成为元宇宙社交中一个重要的考量要素。这种升维的社交体验标准恰恰正是元宇宙社交追求的理念，也是元宇宙社交产品区别于传统社交产品的关键内核。

当然，目前众多打着元宇宙社交旗号的产品中，很少有在形式和内容上都能达到尽善尽美的。其中，VR 社交平台 VRChat 为用户提供了较为丰富的体验。

在借助 VR 设备登录 VRChat 后，用户需要根据个人喜好设定自己的虚拟形象。软件内置了丰富的素材，用户可以选择在三维空间里变身成一个孔武有力的机器人，或者摇身一变，成为一位满头金发的长耳朵精灵，如图 1-4 所示。接下来，用户就可以依据兴趣，自由选择创建或加入任意一个社交场景。比如可以和其他用户一起看动画片，追忆童年时光；甚至在全身追踪设备的帮助下，在VRChat中相约斗舞。

扫描查看彩图

图1-4　VRChat中的社交形象

基于自定义的虚拟身份、丰富的沉浸式社交体验，VRChat一上线便圈粉无数，并长期占据Steam和Oculus Rift商店应用程序的第一名。更令人津津乐道的是，其过百万的用户群体在软件平台上打造了数十万个场景，形成了各种新奇多样的社交玩法。2021年，VRChat在线用户人数曾一度突破数万人，VR模式用户稳步增长，最高曾达到52%。

VRChat体现了在现今条件下人们对元宇宙社交的积极探索。尽管其形式和内容均不同程度地接近高度沉浸的多维社交体验这一标准，但行业从业者和广大用户都坚信这只是开始。未来，随着元宇宙的发展，更多的社交形式将会实现，也会有更多的线下社交复刻到元宇宙中。

1.2.3　Z世代下的消费体验

Z世代又称互联网世代，指的是1995—2009年间出生的受互联网和众多科技产物影响深刻的一代人。作为纯粹的互联网原住民，Z世代从小就享受着数字化和科技发展带来的红利，他们崇尚个性、充满好奇、注重体验、自尊心强、社交联系紧密、强烈希望被认同、容易受到外部影响，同时对彼此、对家庭的购物习惯等有着重要影响。这一代人正逐步成长为未来新经济、新消费、新文化的主导力量。

AREA 15 为位于美国拉斯维加斯的全球首座专业定制化体验式零售及娱乐综合体（见图1-5），由英特尔与全球著名的创意公司 Beneville Studios 合作打造。其从创立之初就引入了包括 VR、AR 等在内的多项突破性技术，旨在打造一个具有非凡艺术氛围、高度沉浸体验和精彩纷呈的现场活动的体验空间。

扫描查看彩图

图 1-5　AREA 15

AREA 15 和 Z 世代有必然联系吗？答案是肯定的，因为 AREA 15 本身就是英特尔为验证新的购物模式所精心打造的顶级可扩展式体验购物中心。其瞄准的主要客户群体就是 Z 世代。统计资料显示，81%的 Z 世代倾向于在商场购物，而 73%的 Z 世代喜欢在购物场所发掘并体验新奇的东西。AREA 15 从用户发展变化的需求出发，基于大数据分析为 Z 世代量身定做了沉浸式购物体验，这一大胆的创新颠覆了多数用户对购物的固有想象，令每一个到场的顾客都不由得惊呼不可思议。

如果把 AREA 15 原封不动地搬到元宇宙空间里，让身处世界各地的用户都能够以虚拟化身的方式访问，会不会变得更加令人惊叹？

设想，数以百万计的三维虚拟化身和线下用户一起品鉴 AREA15 展出的名人大作，一起在浪漫的枫树下品尝鸡尾酒，一起商量着去哪家店挑选服装，完成虚拟货币在线支付后的第二天，商家就把选购的商品快递到现实世界的家中。

上述这种类似于游戏的沉浸式购物方式也许仍显超前,但是不可否认的是,支撑其场景的各项技术和商业条件都已接近成熟。随着消费需求升级日益明显,Z世代用户的购物日趋个性化和实用主义,传统的电商和曾备受追捧的"新零售"和"带货直播"等,都会随着技术和商业模式的创新退出中心舞台。而强调沉浸式体验、互动式探索、线上线下"虚实结合"的元宇宙购物体验将成为趋势。

元宇宙购物不是AR换装或3D家居,以及云逛街等形式上的改变,而是从内核上有了根本性的调整,比如游戏化的购物体验,把购物模拟成游戏场景。用户既可以给自己的虚拟化身添置装备,也可以给物理世界的家里购买生活必需品。同样的3D化浏览、比较,甚至讨价还价,同样的"一键下单",只不过后者会在第二天由物流公司送到用户现实世界的家里。另一种形式是社交化的购物体验,就像AREA15致力打造的那样,在"完全重塑的世界"里,用户可以和线上线下的朋友一起,在枫树的树影婆娑里,在3D艺术作品的环绕中,一边品评着特色鸡尾酒,一边逛街购物。

未来的元宇宙购物将会重构消费者、货品和购物场所的关系:在购物形式上,会更加多元化;在购物的媒介上,虚拟货币和现实货币的通路在不久的将来会更加安全便捷。

而购买的内容则同样面临着翻天覆地的变化。阿里巴巴曾发起过一项名为"造物神"的计划,计划联合商家利用VR建模技术打造出一个包含10亿件商品的3D商品库,所有的商品1∶1真实还原后会被放上虚拟商铺的货架上,供用户选择。

除了现实商品的虚拟化外,纯虚拟的商品也层出不穷。例如,奢侈品品牌Gucci与虚拟形象科技公司Genies合作,在其App中上线了上百套服饰以供用户挑选(见图1-6)。此外,Gucci还在Roblox中推出了一款虚拟潮鞋,人们在花11.99美元购买这款鞋后,以虚拟形象在Roblox中试穿,并将图片发布到其他社交平台上。

分析其消费结果和数据可以发现,这些虚拟商品受到了众多消费者(尤其是Z世代消费者)的支持与喜爱,也从侧面印证了Z世代消费者的消费习惯，他们更加热衷于与社交、娱乐相关的虚拟消费，乐于为自己热爱的虚拟偶像和虚拟商品买单。而元宇宙所能提供的消费体验和 Z 世代的消费需求十分相符。有理由相信，在 Z 世代强大的消费能力的推动下，虚拟购物在方式、媒介和内容上都将不断发展，从而推动元宇宙商品经济体系的最终确立。

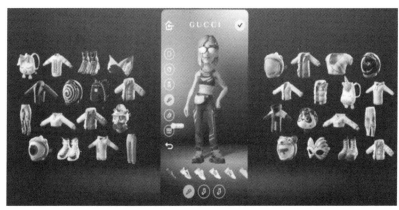

扫描查看彩图

图 1-6　Genies App 与 Gucci 合作推出的虚拟服装

1.3　元宇宙加速：线上化趋势推动+需求爆发

当前，市场上的应用软件越来越多，功能也越来越多样化、智能化，基于此，越来越多的线下活动、功能和空间逐渐转移到了线上，从而诱发并释放了线上的更多可能。同时，几经起伏的 VR 技术也取得了长足进步。VR 体验水平得到了大幅改变，也因此承接了部分线上化的势能和流量。在使用场景上，也呈现出由娱乐、游戏、消费、社交等领域逐渐向工作等领域过渡的趋势。这些都加速了元宇宙的到来。

1.3.1　办公、社交线上化发展

在很多人眼里，互联网主要是作为大众娱乐、获取资讯的渠道。但互联网的作用远不止如此，当前，很多社交活动、办公活动等都已经实现了从线下到线上的转移，从而使互联网乃至数字经济在用户群体中的渗透率进一步

提高。人们的关注点正以更快的速度从物理世界转移到数字世界。

当前，居家办公成为多数职场人的工作常态，使得线上会议的需求激增。一时间，各类在线办公软件的用户数量增速迅猛。以视频会议平台 Zoom 为例，短短几个月时间，其日活用户就从 2019 年底的千万级增加到 3 亿人，增长了 30 倍之多。2022 年 1 月，在企业微信 2022 新品发布会上，腾讯会议产品中心总经理公布，目前腾讯会议用户数量已经突破 2 亿，一跃成为国内最大的云会议独立软件。同时，阿里巴巴旗下的协同办公软件钉钉同样大受青睐：超过 1000 万家企业、2 亿用户通过钉钉办公、开会，此外还有数百万教师通过钉钉直播给学生上课。

在社交方面，相比于线下社交，更为便捷的线上社交方式发展迅速。身处异地的朋友通过社交 App 进行交互早已司空见惯，即使身处异地，朋友之间也可以依靠线上社交的方式进行交流。这就使得各类社交软件的用户数量和用户活跃度都有了不同程度的提升。

随着线下活动线上化发展进程的加快，通过娱乐、在线游戏等具备社交属性的 App 进行社交活动，正逐渐成为很多人沟通交流的主要形式。一个典型的例子就是短视频，作为新的社交形式，其用户规模在过去两年中飞速增长。2021 年 12 月易观分析发布的报告显示，抖音、快手的日均活跃用户数就分别达到了 6.58 亿和 4.53 亿，月活跃人数环比依旧处于增长之中。

同时，经历并接受了诸多场景线上化的用户群体，其习惯也在发生潜移默化的变化，比如在线看演出和比赛，以及在云端聚会。越来越多的人适应了线上的工作和生活，并以此为基础开始探索更理想的方式。例如，线上办公、社交、聚会等无法感受到对方的真实存在，也无法和他人展开除语音、2D 画面以外的交互等。而这些思考和探索，恰恰是为迎接元宇宙做出的最佳铺垫。

依据 Bebo（英国著名社交网站）前 CEO 沙恩·普瑞的观点，元宇宙在形成过程中，也存在一个类似于人工智能领域的"奇点"。而诠释这个从时间维度上理解的"奇点"，就是物理世界转化为数字世界的百分比，也就是人类对数字世界的关注度。当人类 90% 的注意力都放在屏幕上，无论生活还是工作，都投入到数字世界当中时，元宇宙也就不再遥远了。

1.3.2 技术驱动需求爆发

虽说元宇宙并不是一个全新的概念，但它在 2021 年集中爆发，除了有 Roblox 上市这枚"导火索"外，更多的还应归因于构建元宇宙蓝图的多项技术在 2021 年取得了新突破或新发展。VR、AR、人工智能、数字孪生、区块链、5G 和云计算等构成元宇宙"基础设施"的各项技术的日臻成熟，催化了元宇宙这一"上层建筑"。

在各项技术中，尤其值得一提的是 VR 和 AR 技术。元宇宙是虚拟的，来源于物理世界却高于现实，这些界定本身就和 VR 和 AR 密不可分。在元宇宙的虚拟空间里，用户通过工作、生活、娱乐、创造等活动来获得非凡体验，但这些活动本身、创造本身，乃至体验本身，在物理世界中都需要借助特定的技术条件。VR 头显，遍布微传感器的可穿戴设备，动作、手势、眼神捕捉技术和设备等，构成了用户进入元宇宙必不可少的载体和物理基础。

不可否认，VR 和 AR 技术在过去 6 年日趋成熟，体验水平明显提升。但由此带来的改变却是潜移默化、润物无声的。尽管许多人一提到 VR，首先想到的产品是早期的 VR 手机盒子和曾经一度遍布一二线城市商业区的 VR 竞技馆和主题乐园，但那些在技术的快速迭代下早已成为明日黄花。与此同时，VR 行业在 C 端用户的保有量却在稳步增长，并逐渐从小众市场成长为主流市场。权威研究机构 Omdia 发布的最新报告《2021—2026 年消费者 VR 头显和内容收入预测》显示，2021 年全球 VR 头显活跃用户达到了 2600 万（预计 2022 年会增长至 3500 万）。

技术迭代和用户规模的大幅增长是相辅相成的：一方面，VR 和 AR 技术的界限越来越模糊，显示方式的改变和显示效果的提升可谓日新月异，不久的将来，相信广大用户将彻底告别"晕眩感"；另一方面，手势、语音、眼动、脑电波等交互方式会更加成熟，使人与机器、数字世界、虚拟物体的交互更加符合直觉，从而使在元宇宙中的用户，不用再局限于鼠标、键盘、手柄等老旧的交互方式。

当然，VR 不等同于元宇宙。正如把元宇宙定义为"AR 眼镜上的下一代互联网"略显格局不够一样，仍需研究驱动 VR 和 AR 技术迭代以及用户规模不断攀升的内在动力：一方面，亿万互联网用户已不再满足于由文字、声音、图像、视频等一维或二维构成的产品体验，而是追求能够带来更强感官刺激的沉浸式体验，这种内在诉求推动着VR等技术的不断迭代；另一方面，互联网巨头、资本等行业核心玩家也在追寻下一代技术浪潮或风口的过程中，积极地用一款款新产品来引导甚至"创造用户需求"。

当前，VR和AR的硬件产品和内容虽然能够带给用户不错的沉浸式体验，但仍主要停留在视觉和听觉等主体感官感受上，还不够完整，与元宇宙所倡导的"全身心沉浸于虚拟世界"的完美体验还有天壤之别。但相信不远的将来，在用户需求的内在驱动下，在其他内外部条件的催化下，越来越高比例的用户群体会通过VR等载体进入元宇宙，进而以与现实世界不同的形象、更趋本真的性格存续于元宇宙中，开启自己的"第二人生"。

Chapter Two

第 2 章

技术驱动：构建元宇宙的关键技术

2021 年，元宇宙兴起并得到了社会的广泛关注，其内因是构建元宇宙的多项核心技术取得了长足进步甚至突破，而技术升级的内生驱动力、促进新的产业形态的孕育成型。作为融合了 XR、AI、5G、游戏引擎和区块链等技术的数字生态综合体，元宇宙从一诞生就吸引了原本关注上述技术领域的人们的目光。而这些关键技术也成为元宇宙的基础设施，并随着自身的发展加速元宇宙的到来。

其中，XR 作为硬件入口，是实现沉浸式体验的载体；AI 则为元宇宙中的万事万物提供智能数据分析，并以机器学习甚至深度学习助力海量内容的生成；5G 既是通信基础，又为元宇宙提供性能优越的智能网络；游戏引擎一方面致力于将物理世界映射进数字空间，另一方面则在不断扩大 PGC（专业生产内容）和 UGC 的版图；区块链是支撑元宇宙中数字身份和经济系统的核心技术，能够保证元宇宙稳定运行并规避垄断风险。

2.1　XR：从虚拟界面模糊虚拟界限

在小说《雪崩》里，元宇宙是透过"目镜"看到的三维虚拟世界。而时下的元宇宙，其外延被极大地扩展，逐步演化成一个源于物理世界，却又高于物理世界，虚实结合的体系。但无论是三维的虚拟世界，还是现实中存在的虚拟场景，都需要有相应的设备和技术来承载。在当前的技术条件下，个人计算机（PC）和手机在三维场景的呈现和交互方面的效果并不理想，但 XR 技术，却能够突破屏幕的限制，带给用户出色的沉浸式体验。

2.1.1 何为 XR：VR+AR+MR

扩展现实（Extended Reality，XR）通常被认为是虚拟现实（VR）、增强现实（AR）和混合现实（MR）的统称。作为一个"新生词汇"，XR 泛指所有基于计算机视觉的相关技术，依托头戴式显示设备（HMD）所呈现的虚拟或虚实结合的三维信息展示及交互，作为继 PC 和智能手机后的新一代人机交互平台，在元宇宙中被公认是连接现实世界与虚拟世界的入口或桥梁。

VR 就是将现实虚拟化。通过三维图形生成技术、传感交互技术和高分辨率显示技术，人为生成三维的、逼真的、可感知的虚拟数字环境，用户借助特定的设备（通常为头戴式显示设备）进入、观察并可与虚拟对象展开交互。VR 融合了图形学、数字图像处理、多媒体、传感技术等多个计算机技术分支，作为一项综合性技术能够在虚拟环境中模拟人的视觉、听觉和触觉等感官体验，同时能够让用户对虚拟环境中的对象展开操作，从而创造一种身临其境的体验。VR 技术也许很难用一句话来精确定义，但却具备三项公认的特征属性，那就是沉浸感（Immersion）、交互性（Interactivity）和想象力（Imagination）。

自从数学家欧几里得发现双眼视差（Binocular Parallax）可以产生立体图像后，早期的发明家热衷于通过透镜观察两个并排立体图像的方式，来获得纵深感十足的三维画面。无论是 1838 年 Charles Wheatstone 的立体镜，还是 1849 年 David Brewster 的 View-Master，甚至 2014 年谷歌公司推出的 Cardboard，无一例外都是基于这一基础原理。

而严格意义上的 VR 设备，最早可以追溯到 1956 年电影制作人 Morton Heilig 开发的多通道仿真体验系统 Sensorama。1965 年，计算机图形学之父 Ivan Sutherland 发表了一篇名为"终极显示"的论文，展示了他对虚拟现实的理解，并在三年后和他的学生发明了第一款连接到计算机的头戴式显示器，他也因此被誉为"虚拟现实之父"。

直到 1987 年，VR 的概念才被美国 VPL 公司的创始人 Jaron Lanier 提出，他的公司也是世界上最早研发并销售虚拟现实设备的企业。此后，VR 加速了其由理论向系统化实现的进程。1991 年推出的 Virtuality 1000CS 和 1995 年由任天堂推出的 Virtual Boy 成为那个时代最具影响力的 VR 设备。

进入 21 世纪，智能手机的爆发，让 VR 暂时淡出了人们的视野，但相关领域的研发和迭代从未停止。2014 年 3 月 26 日，Facebook 斥资 20 亿美元收购了由 Palmer Lucky 创立的 Oculus VR。这一收购案掀起了一场席卷全球的 VR 浪潮，吸引了几乎所有科技巨头和资本的目光。此后不久，国内外相继涌现出了一大批 VR 企业和产品，直接推动了 2016 年 VR 元年的出现。

VR 产品虽然样式众多，但总体可以分为三种类型。第一种是 VR 手机盒子，需要配合手机使用。其原理是用塑料或纸质的壳体固定一组镜片，用户通过镜片观看手机屏幕上播放的图片或视频，以此来获得 3D 效果。这种 VR 产品形态最为简单，技术含量也最低，因此带给用户的体验也十分有限。比较有代表性的产品是谷歌的 Cardboard 和三星的 Gear VR。

第二种是 PC-VR，即需要连接主机的 VR 头显设备。用户佩戴的头显设备需要连接到一台高性能的计算机主机上，由主机来完成大部分运算和图形渲染工作。即所有的程序仍由计算机来运行，用户佩戴的 VR 头显仅用于显示和交互输入等。因为主机具有较强的图形运算能力，从而有效提升了画面刷新率并降低了时延，带给用户良好的体验。比较有代表性的产品是 HTC VIVE 头显和索尼推出的 PS VR。

第三种是 VR 一体机，又被称为移动 VR。是指具有自身处理器，可以不依赖于外部设备独立进行运算、图形处理及人机交互的 VR 头戴显示设备。因为不需要连接任何主机，VR 一体机的性价比很高。加之其移动性强的特点，其使用的场景更多，也更适合在 C 端场景的普及。随着移动处理器、屏幕和电池技术的日益成熟，VR 一体机正逐步成为 VR 头显设备的主流形态。比较有代表性的产品有 IDEALENS K2、Pico G2 和 Oculus Quest 2，如图 2-1 所示。

图 2-1　三种类型的 VR 头显产品

AR 同样基于计算机图形学和多媒体技术，将在特定时空范围内没有的虚拟信息，通过模拟仿真后叠加到现实世界中。通常的展现形式为，经由摄像头将现实世界实时反映到屏幕上，将虚拟信息与实时的物理影像进行无缝集成，从而给用户营造一种超越现实的感官体验。和 VR 一样，用户同样需要借助特定的设备（如 AR 头显或手机等）来获得 AR 体验并展开交互。AR 的三个特征属性分别是虚实叠加、实时交互和三维定位建模。

相比 VR，AR 的发展历程相对较短。其概念的产生是在 1992 年，最早由美国波音公司的 Tom Caudell 和 David Mizell 在一篇论文中提出。之后，1994 年艺术家 Julie Martin 设计完成了世界上首台 AR 戏剧作品：赛博空间之舞。

1997 年，时任美国休斯研究实验室研究员的 Ronald Azuma 发布了第一个关于 AR 的研究报告，在其报告中进一步深化了 AR 的概念，并定义了 AR 的三项特征属性。1998 年，AR 第一次被应用于直播。1999 年，第一个 AR 开源框架 AR Tool Kit 面世，2005 年该框架被应用于早期的塞班智能手机。2001 年，全球第一个 AR 浏览器诞生，并被誉为可扫万物的互联网入口。2009 年，平面媒体《Esquire》首次在其杂志封面上采用了 AR 技术。

AR 领域较为知名的企业中，最吸引眼球的当属 Magic Leap。这个曾以鲸鱼在体育馆中高高跃起吸睛无数的企业，成立 10 年共吸引了 34.5 亿美元的投资，如图 2-2 所示。尽管该公司成立至今，仅在 2018 年 8 月发布了第一代产品 Magic Leap One，且并没有采用"光纤视网膜成像"的数字光场技术，但依然是最受瞩目的 AR 硬件企业之一。

扫描查看彩图

图 2-2　Magic Leap：鲸鱼跃出地面

与之相比，微软的 AR 之路则平实许多。作为微软全息生态系统的重要组成部分，开发代号为 Project Baraboo 的项目历经 7 年，最终于 2015 年初发布了 HoloLens，并在 2019 年 5 月发布了同样基于衍射光波导技术原理的 HoloLens 2。正是这款产品，在 2021 年为微软赢得了美国陆军 218.8 亿美元的天价订单。

国内的 AR 硬件企业起步相对较晚，且多以创业公司为主。通常采用的光学方案几乎覆盖了棱镜、自由曲面和光波导等所有类型，其中比较有代表性的企业有耐德佳、上海影创和燧光等，产品多以企业端作为目标客户群体。

在这里，有以下两个"常识"需要厘清。

一是 MR、XR 和 AR、VR 的关系。MR 和 XR 均为伴随着 VR 和 AR 的技术演进在最近几年才发展出来的"衍生词"。其本身并无实际的技术意义，突出表现是业内大部分专业人员并不认可这两个概念，也不会用这两个词来定义产品。比如国内媒体通常将微软的 HoloLens 定义为 MR 头显，将 Magic Leap One 定义为 XR 头显，这是不严谨的。严格意义上讲，上述两款产品都是 AR 头显，只不过在光学显示和交互方式等方面，与国内常见的技术方案相比，更具特色而已。

另外一个需要厘清的是 VR、AR 硬件和用户常见的软件及应用的区分。在 VR 领域，上述发展历程和相关产品都属于虚拟现实头显类硬件。与用户在手机或 PC 端常见的 VR 看房、VR 观景等软件或应用相比，前者是通过特定的设备展现出更好的沉浸感，并能够借助手柄等方式产生多个自由度的交互。而后者仅是在二维屏幕界面上营造出来的"全景3D"效果，因其欠缺了沉浸感，交互方式也极其有限，因此难以带给用户满意的体验和想象空间。

上述问题在 AR 领域则更为复杂，原因是 AR 的虚实叠加技术核心需要依赖摄像头，而且几乎所有带摄像头的设备都可以作为增强现实的接口。用户常见的智能手机上的美图软件或在电视上看到的很多视频效果，因其都符合概念定义，原则上都属于 AR 的技术范畴。只不过作为可穿戴设备之一的 AR 头显类硬件，其出发点是解放用户双手。随着光学镜头和微型显示屏幕等技术的改良或升级，越来越多的 AR 眼镜（比如苹果即将推出的 Apple Glass）和用户日常佩戴的墨镜一样轻便。无形中极大地丰富了此类产品的使用场景和体验感。

作为智能手机操作系统的两大源头，苹果和谷歌分别于 2017 年和 2018 年推出了 ARKit 和 ARCore，从功能上提供包括环境理解、动态追踪、渲染优化等方面的支持，让开发者可以很灵活地基于苹果和安卓手机进行 AR 应用软件的开发。这一举措直接导致了智能手机上 AR 软件和应用的蓬勃发展，可以肯定的是，这些技术积累未来都可以移植到 AR 头显类设备上。

2.1.2　XR 提供丰富的沉浸式体验

XR 之所以成为公认的元宇宙"入口"，其核心原因在于能够给用户提供身临其境的沉浸式体验。元宇宙作为源于现实物理世界的虚拟空间，用户只有沉浸其中，从感官和交互上都得到合乎本能的反馈，才能够"相信""接受""拥抱"所处的数字世界。因此，为用户提供足够沉浸感载体的任务，就落在了 VR、AR 头显设备上。正如电影《头号玩家》中的借助 VR 眼镜畅游绿洲，或者在电影《失控玩家》中借助 AR 眼镜探索自由城市，硬件设备作为入口的关键作用，是使用户可以去相信、接受和拥抱自己所处的虚拟环境。这一点，可以说对认知元宇宙具有心理奠基作用。

在 XR 诞生之前，人与数字世界的交互形式基本上已经走到了"尽头"。在互联网 1.0~3.0 时代里，用户与虚拟世界是严格分开甚至对立的。用户不可能在虚拟世界中，以专属于自己的虚拟化身的方式从一个个亦真亦幻的场景中获取交互式体验，所以根本谈不上沉浸感。而 XR 技术的出现让虚实结合的沉浸体验成为现实。在元宇宙里，VR 可以将现实世界带入虚拟空间，AR 可以将虚拟场景带入现实世界，从此人们有了虚拟化身可以自由进出虚拟数字空间并自由展开交互，真正开启了元宇宙的大门。

以游戏为例，即便是品质达到 5A 级别的 3D 角色扮演类游戏，用户依然能够时刻清楚地意识到"自己是自己"，只是按照游戏产品的规则在操纵着屏幕里的角色而已。这是游戏模式本身限定的，也是在全真互联网或元宇宙到来前，游戏类产品所无法突破的天花板。

而借助 XR 技术和设备，用户所有的感官都可以沉浸于游戏的场景中，并能够借助配合 VR 头显使用的手柄、手套、眼球或动作捕捉等设备，自由地在虚拟场景中与虚拟对象进行互动。2020年3月上线的VR游戏《半衰期：爱莉克斯》大获成功，其中一项重要原因就是用户可以全身心地沉浸在立体游戏场景中，并可以"遵从直觉本能"的交互，比如面对怪物攻击，可以"随手"拿起身边的物件进行防御。这在传统游戏中是不可想象的，而这种不可想象，恰恰是元宇宙时代游戏的"基础配置"。

由Niantic开发并运营的现象级AR手游《精灵宝可梦GO》自2015年推出后累计下载次数超过10亿次，位列全球手游排名前3位。在这款宠物养成对战游戏中，用户需要打开手机摄像头，在现实世界中搜寻并捕捉宠物小精灵，并对其进行培养，还可以和其他用户进行交换甚至展开战斗。除了日益丰富多变的玩法，AR技术的加持让亿万用户"深陷其中不能自拔"，这种身临其境的体验同样是传统游戏无法实现的，而这种无法实现，也恰是元宇宙时代游戏的"必备属性"。

上述例子证明，如果从游戏推演至其他娱乐项目，包括社交、购物等常见生活场景，乃至工作场景，在技术实现和场景应用上也都是成立的。因此，VR和AR技术是元宇宙中不可或缺的基础技术，其所承载的沉浸式体验是元宇宙正确的打开方式。

2.1.3 多种技术提升XR人机交互体验

为身处现实世界的用户营造足以"蒙蔽"感官的沉浸式体验，到底是当前相对更成熟的VR更适合，还是代表着下一步技术发展方向的AR更适合？

首先，VR和AR不是对立的两项技术。早期的技术从业者把VR作为一种阶段性产品，认为VR是实现AR的过程中，由于技术条件不成熟所不得不经历的过渡形态。从当前的技术发展态势来看，这种观点是存在历史局限性的。

其次，VR和AR头显设备，随着光学和先进显示技术的进步，其边界越来越模糊。一方面，越来越多的VR头显上安装了摄像头，比如Pico Neo 3、Oculus Quest 2和HTC Vive Cosmos，均实现了对外部环境的感知和空间定位，甚至可以将摄像头拍摄到的画面实时显示在VR屏幕上。另一方面，国内外都有机构在研究"实时滤光机制"技术，试图通过可控的技术调节手段，使AR头显设备的镜片变成透光（AR）或不透光（VR），从而使一款设备可以同时具备 VR 和 AR 的核心技术属性。

由此可以看出，VR 并非是一种过渡性的产品，而是一种体验形态，并且在通往元宇宙的道路上有其不可替代的技术位置。当前，VR 头显核心部件（特别是显示屏幕）已经有了很大的改善，影响 VR 综合体验的瓶颈阶段性地转移到了交互技术上。

XR 设备能够带给用户高沉浸感的体验，不仅在于其能够展现出逼真的 3D 场景，还在于各种配套设备的支持下，用户能够自然地在虚拟世界中展开互动、创造甚至长时间生活。这意味着，XR 设备需要为用户提供一种良好的人机交互体验，而这离不开语音交互、触觉交互、动作捕捉和眼动追踪等技术的日臻成熟。

1. 语音交互技术

语音交互技术包括语音识别和语义理解两部分，涉及特征提取、模式匹配、模型训练等方面的技术。借助语音交互技术，用户能够在虚拟世界中畅所欲言，自由地交流。

2. 触觉交互技术

触觉交互技术是一种通过向用户的触觉感官施加力和震动等，让其产生仿真体验的技术。借助触觉交互技术，用户能够在虚拟世界中接触各种虚拟物品，并产生真实的触感，进而强化心里对虚拟世界的认同。

3. 眼动追踪技术

眼动追踪技术即通过摄像头捕捉人眼及脸部的图像，再根据对这些图像的识别、定位与跟踪，呈现人的视线变化。在眼动追踪技术的支持下，头动控制视野，眼动锁定目标，用户能够在虚拟世界中获得更趋近自然本能的交互感受。

4. 动作捕捉技术

为了使用户在虚拟世界中能够自由动作，XR 设备还要和动作捕捉技术相结合，实现对手势、表情和身体动作等的捕捉。当前，主流的动作捕捉技术主要有光学动作捕捉、惯性动作捕捉、以人工智能为核心的动作捕捉等。

光学动作是目前 XR 行业采用最多的定位技术，分为 Outside-in（由外向内追踪）和 Inside-out（由内向外追踪）两种技术形态，其中，Outside-in 主要实现方式为通过追踪目标身上或头显设备上能够反射红外光的马克点，再通过外部摄像头对马克点进行追踪和捕捉。而 Inside-out 技术多用在 VR 一体机等移动 VR 设备上，通过 VR 头显设备上的摄像头，快速拍摄扫描用户所处的物理空间，通过 SLAM（即时定位与地图构建）技术实现用户在虚拟空间中的定位。

惯性动作捕捉基于惯性测量单元实现对目标动作的捕捉，即将集成了加速度计、陀螺仪、磁力计的惯性测量单元固定在目标的骨骼节点上，通过对测量数值的计算完成动作捕捉。

以人工智能（AI）为核心的动作捕捉则显得更加智能。其动捕功能的实现，同样需要基于光学或惯性动作捕捉的物理设备和相关技术。鉴于光学和惯性动作捕捉技术有可能因为遮挡等环境因素造成定位偏差，基于 AI 的动捕技术则可以基于数据积累和模拟算法，对动作捕捉对象的定位和动作进行准确的"预测"。虽然技术门槛较高，但以 AI 为核心的动作捕捉技术对摄像头等设备的要求相对没有那么高，并能够适应更多、更复杂的场景，被公认为代表了动作捕捉技术的发展方向。在元宇宙中，该项技术的应用场景也更加多元。

总之，融合了以上技术的 XR 设备无疑会变得更加智能，用户也能够借 XR 设备获得更自然的交互体验。当用户能够以虚拟化身在虚拟世界中自由对话、奔跑、做手势和表情时，其也能够产生更真实的虚拟体验，从而更好地融入元宇宙的大千世界里。

2.2 AI 赋能：元宇宙的生成逻辑

元宇宙的发展并不能遮蔽人工智能应有的光芒。事实上，近些年来 AI 技术的飞速发展，直接助推了元宇宙的到来。二者关系的深刻程度，完全可以上升到哲学维度。没有 AI 加持的元宇宙，用户更多是在按照既定的"剧本"按图索骥，只不过"游戏规则"比以往更新鲜、刺激而已。有了 AI 技术的融入，元宇宙才有了生命，才真正是平等的、开放的、自由的。

2.2.1　AI 与元宇宙的关系

AI 是伴随着计算机和互联网技术发展起来的新技术学科，其所有的理论、方法和技术及应用研究，都是为了模拟甚至延展人的智能。广义的人工智能以数学、计算机科学、逻辑学、统计学、语言学、工程学等为基础，还包括对哲学、生物学、心理学、神经科学、认知科学、仿生学和经济学的研究。AI 最早由计算机科学家、图灵奖获得者约翰·麦卡锡在 1955 年提出。此后的半个多世纪里，AI 的发展几经波折，最终在 20 世纪 90 年代随着互联网技术的普及，进入了平稳发展阶段。

广义的人工智能的范围非常广泛，并不单纯局限于智能机器人。事实上，AI 早已渗透进人们的日常生活，比如搜索引擎、垃圾邮件过滤、信息和电商商品的排序或推荐、自动驾驶等。这些与人们息息相关的应用场景，覆盖了 AI 技术的四个分支方向：模式识别（包括语音和图像识别）、机器学习和更高阶段的深度学习、大数据和数据挖掘、智能算法。当然，目前多数 AI 仍处于"弱人工智能"阶段，只擅长某个或某几个方面，与人类智能水平的"强人工智能"还存在很大的距离，距离全面超越人类智能水平的"超人工智能"更是相差甚远。但是，AI 技术的发展前景也吸引着越来越多的机构和个人投身其中，沿着"模型学习驱动的数据智能"和"认知仿生驱动的类脑智能"两条路径迈进。

AI 与元宇宙的关系非常紧密，一方面，作为元宇宙入口的 VR 和 AR 技术本身就属于计算机视觉的范畴，而计算机视觉研究的核心问题是计算机能够去看，这是 AI 的核心技术领域；另一方面，AI 又可以在底层基础架构、内容创造生产以及内容审核等方面，发挥其他技术所无法匹敌的作用。可以说，在元宇宙的发展中，AI 不仅是一项无处不在的基础性技术，同时也时刻发挥着承上启下的核心作用，贯穿元宇宙技术架构的每一个分层。

具体而言，在基础设施、交互和空间计算层，AI 可以有效助力其提升运行效率,如 AI 与云计算的结合能够大幅度提升算力,从而为元宇宙的顺畅运行提供算力支持;在去中心化层和工具层,AI 几乎能够给内容创作和审核带来革命性的变革,例如,AI 不仅能够赋能用户创作,甚至已经可以智能化生成内容,有力保障了元宇宙获得源源不断的内容供给。而机器学习等 AI 技术赋能下的内容审查,必定会逐步替代人工审查;在发现和应用层,AI 则更多是通过数据智能和智能算法发挥作用,这点在互联网时代已经为用户所熟悉,相信在元宇宙时代会更加智能、更加安全。

2.2.2 "AI+云计算"高效提升运算性能

元宇宙成熟的标准之一是可以容纳亿万用户使用多种设备进入并同时享有高沉浸体验,这就需要实时监测数据并进行大量运算。本地化服务器集群难以支撑如此庞大的运算量,而采用分布式架构的云计算能力集群则能够稳定提供强大的计算能力,支撑海量用户同时在线。作为一个比互联网更加多元的数字化新世界,强大的数据计算和处理能力是元宇宙运行的基础,需要云计算能够在这方面提供强有力的支撑。同时,元宇宙时代的云计算需要向智能化进化,与 AI 更进一步融合、演进。

在宏观层面,AI 与云计算是十分合拍的"搭档",直接原因是 AI 能够大幅激发并提升云计算的效率和算力水平。元宇宙时代数据量的膨胀速度,必然成百上千倍于互联网时代的数据增速。并且,元宇宙是以三维为基本场景特点的,其数据复杂程度也要大幅超越互联网。计算需求从量、从计算的及时性、准确性和稳定性都上升到新的高度,当然也必然带来更大的成本压力。正因如此,云计算与 AI 结合是技术和产业发展的必然,事实上国内外云计算巨头都把云计算的 AI 化上升为战略级布局。比如阿里采取的路径是一边通过 AI 芯片强化云服务器的算力,一边持续加大 AI 底层算法的研发投入。

而在微观层面,用户通过 XR 设备开启元宇宙世界。设备本身带给用户的体验直接影响用户在线时长。而设备本身影响用户体验的屏幕分辨率、刷新率和时延水平三项指标,都需要借助于云计算。一方面,云渲染可以有效提升屏幕显示效果,云端算力的介入可以有效降低时延,从而整体提升用户的体验水平,还会降低敏感用户的眩晕等不适感;另一方面,云计算可以大幅降低用户在硬件上的投入，消除不同 XR 硬件设备因为配置差异带来的体验差异等。

时延在 VR 领域多指从用户头部移动开始，到 VR 头显设备的光学信号映射入人眼为止，全部的等待时间之和。当该时间超过 11ms 时，用户能够感知到，该数值过高会影响用户的注意力，甚至会引起不同程度的不适感。VR 设备的时延，主要由屏幕显示造成的延迟、传感器与信号传输造成的延迟、图像处理造成的延迟这三部分组成。而 AI 技术的融入，可以提升图像处理的效率，降低延迟。比如，Meta 公司就开发出了一套运用机器学习为 VR 一体机的渲染管道降低时延的效能框架。

当然，在 AI 时代，云计算绝不止于基础计算。更多云计算服务商开始基于平台，系统性地提供各类数字化和智能化能力，包括端到端的整体解决方案。从而把对 AI、云计算和元宇宙关系的探讨，上升到了产业落地的高度。

2021 年 10 月，百度推出了基于百度 AI 开放平台"百度大脑"的百度 VR 产业化平台 2.0 版本，为元宇宙领域的发展提供平台型服务，并推动百度 VR 在教育、营销等多场景中的应用。该平台以百度智能语言技术、知识图谱技术、智能视觉技术、百度地图能力等组成 AI 能力矩阵，同时加入了素材理解、内容生产、感知交互等技术中台，通过提供开发者套件的形式向行业开放。在平台应用方面则基于元宇宙场景、虚拟化身、人机交互等，探索元宇宙应用的更多可能。基于百度大脑提供的 AI 和云计算能力，VR 产业化平台能够以开源开放的技术探索更多的元宇宙场景。

2.2.3 AIGC 成为内容生产的新方式

要想让用户获得丰富的体验，元宇宙就需要保证海量的内容供给。一方面，用户身处的数字空间需要足够大，并且是不断扩展的，这样才能够为用户提供多样的要素去探索、创造，甚至生活在其中。另一方面，不断扩展的空间中必然需要源源不断的内容作为补充，从而对用户产生长久的吸引力。

作为元宇宙的前身，很多开放世界游戏的开发商都十分注重游戏版图的打造。例如，贝塞斯达工作室开发的游戏《上古卷轴 5》为玩家提供了约 15 平方公里的虚拟世界；而在 Rockstar 开发的游戏《GTA5》中，玩家身处的城市"洛圣都"则超过了80平方公里。广阔的虚拟空间提高了玩家探索的自由度。

同时,一些游戏开发商不断扩大游戏版图的行为也受到了玩家的诟病,原因就在于游戏版图虽然越来越大,但新鲜的内容却少得可怜,游戏场景、素材、脚本设计等重复现象严重。在这种情况下,地图上一个个等待探索的"问号"非但没有激起玩家探索的兴趣,反而成了很多玩家"弃游"的理由。

深究其背后的深层原因,暴露了游戏开发商专业生产内容(Professional Generated Content,PGC)模式的产能严重受限、内容生产供不应求的问题。一方面,游戏开发商内容生产能力有限,生产内容的速度难以追上玩家消费内容的速度。另一方面,游戏中的脚本、美术和音乐资源需要实现一定程度上的重复利用,游戏开发商才能够更好地控制游戏开发成本。

元宇宙的内容生产同样需要面对上述难题。试想,如果元宇宙中的内容只由企业提供,那么元宇宙就难以形成多元的内容生态。为丰富元宇宙中的内容,平台开放用户生成内容(User Generated Content,UGC)模式让用户参与到元宇宙的内容生产中势在必行。即便如此,内容生产和更新迭代的速度、品质和投出比,依然会是元宇宙发展的桎梏。

从技术发展的角度看来,唯一能够解决这一问题的钥匙是AI生成内容(AI Generated Content,AIGC),即借助AI实现规模化、自动化的内容生产。这一方式在解放大量生产力的同时也能够生成更多合规内容,节省监管成本。

从赋能创新内容方面来看,AI通过对海量数据的分析和学习,并基于强大的算法和固定的程序,能够自主、快速创作出新的内容。例如,在太空冒险主题游戏《无人深空》中,虚拟环境、太空船、NPC、音乐等都是AI生成的,大大缓解了游戏团队的内容生产压力。

因此,AI不仅能够大幅提高元宇宙内容的创作效率。从元宇宙中的物理对象、人物到整个虚拟场景环境,都可以通过AI自动生成。此外,AI还能够赋能UGC创作。通过AI的助力,用户在创作过程中只需要输入关键的内容元素,AI便可以自动生成内容并补充细节。最后,AI能够基于大数据,为虚拟角色赋予动态内涵。让用户与元宇宙中的非生命体交互时平添无穷的乐趣。

除了在元宇宙内容创作方面发挥巨大作用,AI在元宇宙中的另外一项重要使命是高效率智能化审查海量内容，为元宇宙的可持续健康发展保驾护航。元宇宙中 PGC、UGC 和 AIGC，都是为了生产尽可能丰富的内容而提出的。这也对内容审核提出了巨大的挑战，而内容的数量与审核的时间、难度、成本等正向相关。而严格的审核既有利于元宇宙的可持续性，又是用户体验质量的可靠保证。

当然，审核工作如果交由人工来完成是极度不现实的。人工审核意味着企业需要招聘越来越多的审核人员，付出越来越高的审核成本。同时，虽然有统一的审核标准，但不同的审核人员对于审核标准可能会有不同的主观判断，这使得不同的审核人员对于同一个内容可能会有不同的审核结果。为了规避人工审核的缺陷，同时满足元宇宙海量内容的审核需求，以 AI 为依托的智能审核将成为未来发展的趋势。未来，AI 加持下的智能审核系统，必将能够在内容爆炸的时代，为元宇宙提供强大的支持，从而打造出更加安全、健康的虚拟世界环境。

2.3　5G 赋能：元宇宙的通信基础

元宇宙依托于网络而存在，其发展也依赖于网络通信技术的发展。5G 的普及甚至 6G 的出现，将为元宇宙提供更流畅的网络，使用户的感知实时性体验大幅提升。

2.3.1　三大优势提升网络性能

成熟的元宇宙必须支持用户不受限制地随时随地登录元宇宙，享受低延迟的沉浸体验。这些要素的实现离不开 5G。事实上，5G 作为元宇宙基础设施层中的轴心，对元宇宙其他要素的实现也同样起着举足轻重的作用。

5G 对元宇宙的赋能方式虽然多种多样，归根结底源自 5G 的三大核心优势，即高速度、低时延和更大的带宽。

1）高速度指的是相比 4G，5G 在网络通信速度上有了极大提升。理论上讲，5G 的峰值传输速度可达 10Gbit/s，而 4G LET 的速度最高仅能达到 75Mbit/s，前者是后者的 136 倍。从实际使用角度看，5G 平均下载速度可以达到1024Mbit/s，平均上传速度为82.0Mbit/s，相比4G（平均下载速度为60.8Mbit/s，平均上传速度26.5Mbit/s）也有了几倍到十几倍的改善。技术改善应用于元宇宙中，体现为能够轻松实现3D高精度模型和全景视频的传输，不仅图像更加清晰，画面也更加流畅。在互联网和移动互联网时代广受诟病的卡顿、闪退等问题，随着5G和6G的技术革新在元宇宙中将得到有效解决。

2）低时延指的是5G能够将4G约20ms的信号传输时延降低至1ms，数据几乎可以实现实时传输。并且，5G可直接作用于传感器，降低用户在进行人机交互时的延迟。配合屏幕显示、图像处理等延迟的降低，从而整体提升用户在虚拟世界中的体验。

3）当网络中的设备越来越多、运行越来越卡顿时，拓宽网络带宽是十分有效的解决办法。相比4G，5G支持同时接入更多设备，并为这些设备提供更稳定的网络。以往，在4G网络中，如果同时接入过多设备，设备的运行就会变得卡顿，而5G在带宽支持方面变得更加开放，允许更多的设备同时运行，避免了网络拥堵导致的卡顿问题。

依托以上三个优势，5G能够提供更优质性能的网络，这也为万物互联打下了基础。在将来，手机、计算机等终端都将处于联网模式，不再需要连接不同的WiFi，能够更好地满足人们随时随地上网的需求。同时，在万物互联的基础上，人们也能够自由地穿梭于虚拟世界和现实世界中。

2.3.2　5G破解XR发展瓶颈

几年前，各种XR设备火爆于市场，一时间风光无限。但因为设备笨重昂贵、画面清晰度不高和时延等原因导致用户体验不佳，XR的发展逐渐陷入困境。自2019年5G正式商用以来，其普及程度和渗透率逐年提升。作为5G核心应用场景的XR领域被再次激活，重新回到大众视野。

2020年3月，工信部在其发布的《关于推动5G加快发展的通知》中指出："鼓励基础电信企业通过套餐升级优惠、信用购机等举措，促进5G终端消费，加快用户向5G迁移。推广5G+VR/AR、赛事直播、游戏娱乐、虚拟购物等应用，促进新型信息消费。鼓励基础电信企业、广电传媒企业和内容提供商等加强协作，丰富教育、传媒、娱乐等领域的4K/8K、VR/AR等新型多媒体内容源。"直接佐证了5G与XR的关系，XR是5G重要的应用场景，而5G的发展能够从多个方面赋能XR。

最直接的就是5G的大规模商用极大地提升了XR设备体验的水平和标准化程度。自VR元年以来，XR硬件技术的发展可谓在曲折中前进，但其供应链并没有完全脱离智能手机附属的窠臼。也就是说，XR设备硬件供应链（特别是屏幕、处理器、传感器等核心部件）的升级迭代速度无法跟上XR行业发展的需要。这就与用户对于更低成本、更高体验水平XR设备，以及元宇宙大背景下为亿万用户提供标准化体验的需求相互矛盾。

例如，VR设备的显示水平很大程度上取决于所选用的屏幕分辨率和刷新率。但当前达到量产水平的VR屏幕，无论是LCD还是OLED，其分辨率长期在2K~4K水平徘徊，刷新率很难突破90Hz。理想状态下，XR终端设备的物理分辨率需要达到16K和刷新率120Hz以上的水平，才能带给用户与现实视觉感受一致的体验水准。而XR处理器的迭代速度，也远远达不到"摩尔定律"的频率。这还没有考虑未来XR设备被更广泛使用时所产生的对数据处理、传输等方面的更高要求。

5G的到来使得更普遍、性价比更高的云服务成为可能，从而推动着XR行业有机会突破终端的限制进入云XR时代。一方面，云计算（包含云渲染）可以降低对屏幕分辨率、刷新率及对CPU和GPU处理能力与速度的要求，即使屏幕和处理器芯片的迭代速度较慢，5G完全可以赋能云平台提供足够的算力。另一方面，5G的普及让用户可以随时随地接入互联网和元宇宙，不用顾虑所使用的终端设备的差异，都能获得标准化的体验。最后，XR应用产生的大量数据可以借助5G网络进行高速度、低时延的传输，同时密集计算任务部分也可以通过5G网络的边缘计算中心进行协作计算。此外，伴随着云计算和芯片技术的进步，XR设备也将实现轻量化，硬件成本也会逐步下降，最终实现XR设备的大规模普及。

依托5G，XR能够和各行业实现更加深度的结合，将人们带入一个虚实结合的沉浸式新时代。例如，在游戏中，玩家可以自由地探索、开疆拓土，建立自己的城堡；在社交时，身处世界各地的人们都可以以虚拟形象相聚于虚拟世界中，体验虚拟派对、虚拟竞赛等；在观看直播时，人们可以如同在现场一样,自由地选择不同的视角观看体育赛事或演唱会;在旅游时,人们足不出户就可以身临其境地游览祖国的大好山河。在这个虚实结合的新时代中,人们可以以自己的虚拟形象生活在元宇宙中,同时,人们在现实世界和虚拟世界的行为能够相互映射,实现虚实联动。这一切,既离不开 XR,也离不开 5G。

2.3.3 5G+6G:万物跑步进入元宇宙

2021 年 6 月发布的《6G 总体愿景与潜在关键技术白皮书》中,提出了 6G 的万物智联、数字孪生的愿景。相比 5G 的人人互联、人物互联,6G 时代会产生出更多的智能体,互联网也将从万物互联发展到万物智联。从而进一步推动现实世界和虚拟世界的共生发展,助力元宇宙的早日到来和蓬勃发展。

6G 网络的建设核心在于卫星互联网技术。其指通过发射足够数量的卫星组成覆盖全球的网络,通过与地面通信网络的融合,实现更高速率、更低延迟的网络连接。相比 5G,6G 的覆盖范围将更大,网络传输速度和能力将得到百倍的提升,并且会和更多行业、领域实现高效率结合,创造更多的高使用率场景。

作为新一代通信、感知、计算融合的创新技术,6G 的到来对于元宇宙意义重大。5G 最终仅能覆盖全球 6% 的范围,剩余的区域都需要 6G 卫星通信来补充。6G 能够把陆地无线通信技术、中高低轨的卫星移动通信技术、短距离直接通信技术等融合在一起,解决通信、计算、感知等问题,实现全面覆盖陆地、天空、海洋的移动通信网络。这就为元宇宙随时随地登录、在线创造了条件,为其他核心要素的达成奠定了坚实基础。

6G 网络传输速度、效率的提升,将会直接推动物联网和数字孪生朝着万物互联、万物智联的方向迈出里程碑般的一步。伴随着 6G 的落地商用,物联网的渗透率将得到大幅提升,所有数字化的物理实体将共同构成一个更加智能的虚拟世界。人类可以更加实时、准确地掌握物理世界的信息,进而做出科学的预测。

5G 对于包括通信网络、信息传输、XR、云计算等的正向推动作用有目共睹,6G 的到来会在更高维度上强化这一正向作用。最终反映在微观用户感受上，用户的感官体验和交互体验水平也会更上一层楼。同时，6G技术不仅会影响物理世界，还会加速形成一个平行于现实世界的数字孪生空间，从而对虚实联动的元宇宙产生有益的影响。

2.4 游戏技术赋能：元宇宙的展示方式

在元宇宙诞生的早期，很多人都误以为它是一款新型网络游戏，是因为二者的概念存在诸多相似之处。二者都基于网络连接，在人为创造的充满想象力的虚拟空间进行各种互动。不同的是，用户在游戏中围绕着固定的终极目标被动地通关或做任务，而元宇宙没有为用户设计特定的目标，让用户在共建的虚拟空间中互动，并因其可以和现实世界的互联互通而具有更强的社会性。但不可否认的是，元宇宙的很多属性是伴随着游戏技术的发展而日臻完善的。游戏为元宇宙的形成提供了温床，元宇宙脱胎于游戏却不止于游戏。

2.4.1 游戏上云，为元宇宙提供孵化基地

游戏包括单机游戏、联网游戏和网络游戏，是随着个人计算机、网络通信和智能手机的兴起而快速发展起来的。统计数据显示，2021年全球游戏用户接近30亿。如此庞大的用户群体置身于成千上万的各类游戏中，既受马斯洛需求层次的驱动，又反映了社会学中正式或非正式社会定位与社交关系的影响力。换句话说，各类游戏能够被用户所接受，首先是因为其场景、角色、玩法规则等来源于生活，又不同于生活。

例如，开放世界《GTA5》为玩家提供了十分丰富的场景设定，现实生活中的各种店铺、公共场所等都能够在游戏中找到。在此基础上，用户被赋予了很高的自由度，他们可以在繁华的都市中自由探索，不仅可以在商业街漫步，感受与现实世界类似的生活，还可以跳出传统的规则限制，比如在城市中飙车等。在探索游戏的过程中，玩家还会不时地触发任务、获得各种新奇的道具等，不时地收获惊喜，如图2-3所示。

正是这种源于现实生活，却又高于生活的虚拟世界，对亿万用户具有强大的吸引力。仍以《GTA5》为例，此类游戏的成功需要具备两大先决条件，

一是包括场景在内的游戏体验，需要给人以足够的真实感；二是需要吸引足够的用户同时在线，形成网络效应。这也能够解释为什么网络游戏，甚至很多具备联网功能的单机游戏，也纷纷加入了社交相关功能。达成以上两大先决条件，在技术上首先需要借助云计算。

扫描查看彩图

图 2-3　《GTA5》中的都市场景与现实世界高度相似

　　游戏场景越丰富，越精致，越需要强大计算能力的支撑。而元宇宙的内容远比当前任何一款游戏都更加丰富，如此庞大的计算量如果全部在本地运行，必将给用户端的硬件带来极大负担。并且，元宇宙的内容体量会不断地增加，无论用户端的硬件多么强大，都难以满足其不断增长的运行需求。

　　因此，上云成为几乎所有大型游戏以及未来元宇宙突破硬件限制的必然选择。通过将游戏内容运行和渲染从本地转移至云端，并实时将渲染完成后的画面压缩后传回用户端，可以极大程度解决用户因硬件设备性能不足带来的体验下降。并且，游戏上云还能解决数据采集、传输效率、同步升级、安全防范等一系列问题。

　　进入 21 世纪，马斯洛需求层次理论中的生理、安全、社会、尊重、自我实现等每个层次，几乎都无法脱离社交而独立获得。反映在游戏产业内，突出表现为具备丰富社交功能的网络游戏日益被用户接受和喜爱。在这类游戏中，用户的在线时长与其社交对象的数量和质量密切相关。这类游戏的网络效应在元宇宙时代同样存在，构成了影响其存续和发展的决定性因素。

所以，在元宇宙真正到来前，游戏行业在技术、社会学、用户心理学、社会伦理等多个方面，为元宇宙进行了充分的探索和准备。特别是网络游戏，其近年来的发展如同一张温床，孕育并丰富着元宇宙先行者的思考。当然，元宇宙也以其独特的方式反哺着游戏行业，比如在其核心要素影响下，很多厂商在其游戏中融入许多元宇宙要素，如搭建社交网、提供可创作环境、搭建经济体系等。这些极具前瞻性的先行者是令人敬佩的，因为他们率先开启了对元宇宙居民的用户教育先河。

2.4.2 引擎助力，支持元宇宙空间与内容打造

在搭建元宇宙的过程中，有两项工作尤其令人兴奋。一是将物理世界的真实场景，以数字孪生的方式搬进虚拟空间；二是在虚拟世界里，企业、用户可以天马行空地自由创造出现实世界中不可能存在的奇幻场景。而这两项工作的高效率实现，都离不开游戏引擎的支持。

借助游戏引擎日益强大的渲染工具，虚拟世界中的场景和人物等可以变得愈加真实。大到山川湖海、森林沙漠、人们生活的城市，小到客厅沙发垫的图案、办公桌上的多肉绿植，所有这些物理世界的对象都能够被高度精细地建模仿真后，在虚拟世界中予以还原，且绝非静态的复制，而是会遵循自然规则产生相应的变化，比如在夕阳映照下，用户放在餐桌上的透明玻璃杯，其光影会产生动态的变化。

游戏引擎在这里是一个笼统的概念，它泛指能够帮助游戏设计者在创作时（包括但不限于在系统实现、美术、建模、程序、交互等很多阶段）发挥作用的实用性工具。事实上，游戏引擎不仅能够应用在游戏领域，还可以应用在建筑、教育、医疗、交通等诸多领域，协助实现大量场景和对象的虚拟仿真。

以 Unity 公司为例，其引擎业务覆盖了游戏、建筑、制造等多个领域。在游戏方面，《王者荣耀》《原神》等游戏都是基于其引擎开发。同时在建筑、制造等众多领域，Unity 引擎可以在建筑规划、汽车设计等方方面面为开发人员提供可视化设计方案，使其设计过程更加简洁、高效。

之所以把游戏引擎定义为实现元宇宙的关键技术，是因为它可以为 PGC

和 UGC 用户提供简单易用的开发工具，通过降低创作门槛来推动内容生态（即元宇宙场景生态）的早日建立。

仍以 Unity 为例，2021 年 9 月，Unity 推出了云端分布式算力方案，该方案包含个性化定制的引擎和各种云服务，帮助用户显著提高开发效率。除专业引擎外，很多游戏平台也推出了自带的创作引擎工具，最典型的就是 Roblox。

基于其提供的创作工具，即使没有丰富开发经验的用户，也可以轻松搭建虚拟的游戏场景、设计人物角色和游戏策略等。虽然其功能不能和 Unity 等专业引擎相提并论，但平台型游戏引擎贵在可以为用户提供"一条龙"服务。用户在平台上推出的游戏产品，还可以经由用户完成、试错等，并与平台进行收入分成。这些超前的机制设置，为用户解除了后顾之忧，使其得以放心地参与到内容创作中来。

由此可见，游戏引擎是构建元宇宙的重要工具。未来，不仅专业化的引擎会延伸至更多的领域，同时元宇宙也将吸引更多的企业甚至个人推出自己的工具引擎。在多方的共同努力下，越来越多的创作者的个性化需求能够得到满足，元宇宙的内容生态也会日渐繁荣。

2.5 区块链赋能：认证身份、经济体系和数据安全

Epic Games 的创始人蒂姆·斯威尼曾表示："区块链技术和 NFT 是通向完全新兴的元宇宙的最合理的途径"。区块链所特有的去中心化、不可篡改和可追溯等特性，使其成为元宇宙不可或缺的补天石。特别是在元宇宙搭建独立经济系统过程中，区块链可以高效率确保用户虚拟化身和数字化资产的安全，实现元宇宙中的价值交换。更为重要的是为元宇宙提供一套开放、客观、动态演化的合作机制，并保障该机制和相关规则得以透明地作用于虚拟数字空间和现实世界。

2.5.1 解析区块链核心技术和去中心化机制

区块链由中本聪在 2008 年首次提出，其本质是一个构建于互联网体系内

的共享数据库，利用点对点的网络和分布式时间戳服务器，其数据库能够实现自主管理。并且，因其具有全过程留痕、不可篡改、公开透明、集体维护等特性，正逐渐被广泛应用于金融、数字出版、物流、公共服务等诸多领域。

区块链对元宇宙的赋能，集中于数据的确权，资产的定价与交易，及指导建立以用户为中心的客观、开放、自由的机制，并保障系统规则的透明实施。而上述这些，均基于区块链的核心技术实现。区块链四大核心技术为分布式账本、共识机制、密码学和智能合约（见图2-4），分别起到了数据存储、数据处理、保障数据安全、数据应用的作用。

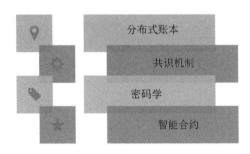

图 2-4　区块链的四大核心技术

1. 分布式账本

分布式账本的本质是一个分布式数据库。当一个数据产生，经过与之相关的各节点确认后，便会被存储于分布式账本中。分布式账本在区块链中采用去中心化的数据存储方式，即每个节点的每个参与者都会得到一个真实、唯一的副本。分布式账本中每一次数据变动都需要经由所有节点的确认，并会留下记录；如发生修改，各个节点也会同步更新。

2. 共识机制

区块链是一个分布式的结构，每个节点都必须参与数据的记录。这就引发了一个问题，即区块链中的节点越多，就越难达成统一。这时就需要一套机制协调全节点账本使数据保持一致，于是共识机制应运而生。共识机制明确了节点处理数据的方式，同时通过争夺记账权的方法保证各节点意见的统一。

3. 密码学

数据存入分布式数据库中后,数据的架构是由区块链密码机制决定的。打包好的数据会通过密码学中的哈希算法处理成链式的结构,后一个区块包含前一个区块的哈希值。哈希算法具备单向性且不可篡改,因此数据只要存入区块链就不可篡改但可快速追溯。此外,区块链中各节点的账户也会通过非对称加密的方式进行加密,从而保证数据安全。

4. 智能合约

区块链中存在各种各样的交易,而智能合约用于解决交易中的信任问题。智能合约是一种可信的数字化协议,能够保证合约的高效性和可靠性。在交易中,交易双方可以将各种约定讲清楚,并转化为代码交由智能合约程序执行。智能合约能够自动验证交易者的身份,并在合约条件达成的情况下自动执行合约,彻底解决交易中的信任风险。

以上四大核心技术,共同组成了区块链赖以生存的去中心化机制,进而奠定了该技术在元宇宙中的关键地位。分布式记账不依赖任何第三方管理机构,所有节点有均等的权利和义务,能够自主实现数据的验证、传输和管理。这使得区块链能够避免中心化节点被攻击而导致的数据泄露风险,同时能够提高运行效率。

此外,区块链的这种特性能够使交易始终在一种可信任的环境中进行,同时,依托区块链技术搭建的经济系统,也可以在智能合约的作用下实现自治。这些都为元宇宙虚拟经济体系的搭建提供了架构和机制保障。在区块链技术加持下,虚拟化身、机构和个人创作的作品、资产与收益以及通过交易实现的价值交换等,都能够在一套安全、稳定的经济体系下实现,进而帮助元宇宙实现商业闭环,满足治理需要。

2.5.2 去中心化经济系统,保障元宇宙稳定运行

在很多传统互联网平台中,用户都可以拥有数字身份,并通过在平台中的活动获得虚拟资产。但因为这些平台的中心化特性,用户的数据安全存在

不小的风险。例如,用户在某一平台中的虚拟资产解释权属于平台方,资产的属性并不明确。一旦平台关停,用户长期积攒的虚拟资产就会化为乌有。

同时,这些平台中的经济系统并不完善,难以为用户及交易行为提供足够安全的保障。而区块链能够保障虚拟资产的安全。通过去中心化的记录明确虚拟资产的归属权,区块链可以保障用户的虚拟资产权益不被平台所掌控,同时支持用户自由、安全地进行交易。

元宇宙作为一个体量庞大、不断扩展的数字生态,其经济系统的复杂程度势必会超过现实世界中的常规经济体系。相比高风险的中心化系统,去中心化经济系统更加符合元宇宙发展的需要。

一方面,区块链能够提供虚拟资产的价值认证,NFT 能够明确虚拟物品的价值并助力虚拟物品的交易,使虚拟资产能够在网络中自由流通。NFT 是存储在区块链上的数据单元,具有不可篡改且独一无二的特点,因此常被用来证明数字资产的唯一所有权。

2021 年 3 月,艺术家 Beeple 的 NFT 作品《每一天:前 5000 天》(见图 2-5)在佳士得拍卖会场以 6934 万美元的价格成交,刷新了人们对数字化艺术品价值的认知。此次拍卖被业内长时间津津乐道的原因之一,来源于 NFT 这一崭新的数字资产确权方式正逐步被人们所认可。事实上,不只是艺术品,现实生活中的汽车、土地等很多实体资产都可以通过 NFT 转化为数字资产,进而在虚拟世界中完成交易。

扫描查看彩图

图 2-5 《每一天:前 5000 天》

另一方面，区块链能够为元宇宙提供公开透明的运行规则，避免损害用户权益。因为有区块链技术，未来元宇宙中的交易不必依赖任何中心机构，而是通过智能合约的方式进行，只要交易双方事先约定好交易规则，一旦履行合约的条件被触发，交易就会被自动执行。同时，区块链中的交易是公开透明的，交易双方可以随时查看交易进度，追踪交易流程。

总之，在区块链的赋能下，元宇宙能够搭建起去中心化经济系统，保证各种交易的公平公正、安全可靠，从而保障元宇宙经济的平稳运行。

2.5.3 去中心化平台，避免数据垄断

近些年来，互联网个人信息泄露事件频发，亿万用户对此充满担忧却又无可奈何。其原因是绝大多数互联网应用软件、平台等均为中心化结构。用户在登录或使用这些软件时，个人身份数据、活动数据、虚拟资产数据等不可避免地会被平台收集并加以利用，进而数据外泄甚至被恶意交易就成为悬在广大用户头顶的"达摩克利斯之剑"。尽管如此，用户却很难跳脱出来，互联网的高度渗透已经让亿万用户无法脱离这些应用软件，不得不接受"大数据时代没有个人隐私"这一残酷的现实。

用户访问构成流量，互联网巨头无一例外都是流量巨头，掌握着海量的原生流量和日益增长的用户数据。而这些巨头完全可以基于其流量和数据优势，对用户行为施加影响，进一步强化其控制力。2019年夏，深陷用户隐私侵权和垄断泥潭的Facebook被迫同意向美国联邦贸易委员会（FTC）缴纳50亿美元的罚金。这一FTC有史以来开出的最大民事罚单，产生了深远的后续影响，例如，迫使Facebook调整业务方向，并于两年后官宣更名为Meta。

元宇宙作为承载人们未来生活的超级数字生态，很容易吸引大量流量。如果元宇宙中的平台为中心化平台，那么在流量方面占据优势的大平台更容易占据垄断地位，不利于元宇宙的可持续发展。而此时，区块链提供的去中心化模式，让用户身份数据、资产数据等可以脱离平台，被记录在分布式系统中。

在这种模式下，平台无法获得用户数据，只能单纯地作为内容或工具的提供者，从而能够极大程度上保护用户的数据安全。并且区块链能够实现数

据的去中心化存储，同时保证数据不被篡改，数据的传递也能够被追溯。最终实现用户的数据归个人所有，最大限度维护用户的"数字人权"和"虚拟资产主权"。

在去中心化平台的支持下，元宇宙既可以保障用户的数据安全，又可以避免中心化平台垄断的风险。各平台、各企业间的竞争关系也会弱化，由此前零和游戏模式下的对抗关系转为互惠互利的共赢关系。当合作和融合成为元宇宙的主旋律时，满足用户需求才有可能真正跃升为唯一的出发点与归宿。

Chapter Three
第3章

产业图谱：形成从技术到应用的全产业链

电影《头号玩家》中有这样一句台词："It is a war to control the future（这是一场控制未来之战）"，被用来形容这场元宇宙产业布局之战再贴切不过。在元宇宙日趋火热的大背景下，科技公司、互联网巨头、内容厂商、创业企业纷纷入局，依据自身技术、流量、内容等方面的优势跑马圈地。这些投入，作为积极信号无一例外地传递出对于元宇宙广阔未来的认同。在吸引更多玩家入局的同时，前行者的探索也为后来者提供了宝贵的借鉴。

3.1 从概念到落地：不同企业以不同角度入局元宇宙

在入局元宇宙的初期阶段，不同类型、不同规模的企业，纷纷基于自身基因瞄准了不同的发力方向。但随着对元宇宙认知的深入，几乎所有的企业都逐步归入了三大赛道：综合技术提供商、内容提供商或工具提供商。

3.1.1 科技巨头依托雄厚积累，率先布局

元宇宙是多项科技发展到一定阶段的产物，同时也预示着整个科技产业的发展进入到一个新的周期。它的到来，改变的不仅是游戏和社交，还将影响亿万用户从生活到工作的方方面面。也因此吸引着全球科技巨头或主动或被动地选择在元宇宙赛道上加码投入。作为互联网时代的领军者，科技巨头们站位高、能量强、资源丰富、对产业上下游均有足够的影响力，他们的一举一动，既是风向标，又是灯塔，引领着元宇宙的发展方向和速度。

元宇宙是一门横跨 XR 硬件、内容、软件系统或平台、数据智能、工具和

底层架构的综合体，要赢得元宇宙这一场号称"互联网终局"的战争，几乎在以上每个构成部分都不能存在短板。只有这样，才有机会在元宇宙形成过程中占据主动地位，甚至参与元宇宙部分标准的制定。由此升级自身的技术、产品、商业模式和影响力，避免被竞争对手颠覆的同时，以创新直接推动元宇宙的到来，并享受元宇宙带来的成果回馈。

综合比较后发现，全球范围内，在元宇宙诸多技术核心要素方面均具备一线水准的企业，只有苹果、谷歌和微软三家，作为传统科技三巨头，在元宇宙技术构成的各个方面均具有其他多数企业难以企及的积累。此外，伴随着移动互联网的更新换代，最近十年涌现出另外三家追赶者"新三巨头"：Facebook（即 Meta）、腾讯和字节跳动。很难说，上述科技巨头的战略决策者们是从什么时候开始预见到了元宇宙的必然性，但巨头们殊途同归地研发投入或投资布局，足以佐证元宇宙这一方向广阔的前景。

多方面比对之后发现，上述六家科技巨头几乎无一例外地在硬件、内容、工具、人工智能、软件或平台、工具、底层架构等所有关键领域有投入或严密的布局，有些是基于其原有的业务或技术基础，更多的则是随着元宇宙浪潮的逐步成形，通过后天投入或投资取得。在世界上绝大多数企业或用户还在纠结于元宇宙的概念内涵或外延时，科技巨头们已悄然将元宇宙的争夺战上升到了生态闭环的高度。

以传统科技三巨头为例，在 XR 硬件方面，谷歌于 2012 年就率先推出了其 AR 眼镜产品，之后专注于基于高端智能手机开发手机 VR 产品，虽然之后内部方向几经调整，但 2018 年谷歌宣布正式重启其 Google Glass 项目，并会强化 AR 功能；微软在硬件方面，不仅有用户耳熟能详的 HoloLens 一代和二代产品，其旗下 Xbox 可能更多地被用户定义为游戏设备，但加入 Knicet 体感后，用户可以在虚拟游戏中实现精确的交互定位，瞬间拉近了 Xbox 生态与元宇宙的距离；苹果在 XR 硬件领域可谓厚积薄发，直到 2021 年 WWDC 大会上才初露锋芒。尽管业界疯传的这款消费级 AR 眼镜要到 2022 年第四季度才会正式上市，但作为消费电子领域的霸主，普遍认为苹果的 AR 眼镜有望大幅提升 XR 设备在用户中的普及率。

而在软件系统、工具或内容平台方面，这三家公司也呈现鼎足而立的局面：苹果的iOS和App Store于2017年推出了AR开发者工具ARKit，赋能开发者在苹果手机和Pad上创作AR应用程序。微软的Windows和应用商店中基于HoloLens的应用不断增加；如前所述，Xbox的内容平台未来也有机会从侧面助力微软的元宇宙进程。谷歌不仅有安卓系统和AR开发平台ARCore，其2016年上线的Daydream是专属的VR平台。

此外，三家公司在底层架构和技术方面，其积累也不亚于专属领域的头部科技公司，比如在云计算方面，微软的Azure和谷歌的云计算业务仅次于亚马逊，苹果也从2020年起，疯狂招募云计算人才来打造自己的云计算"全明星"阵容。

新三巨头在底层技术积累和对IT、互联网、移动互联网生态的影响力方面，短时间内还无法与传统三巨头看齐。表现在元宇宙的构成要素方面，新三巨头或多或少地存在一定的短板，但新三巨头分别依托自己的优势，在挑战传统三巨头的优势领域、争取更多的元宇宙话语权的同时，也各自面临着来自不同方面的挑战。还有一点必须注意的是，新老三巨头的对比，也反映出随着移动互联网的渗透，我国正稳步从最大的单体市场上升为技术研发乃至标准输出不可或缺的力量。

Meta在新三巨头中最为积极主动，不仅将公司名称从Facebook变更为Meta（元宇宙英文单词Metaverse的缩写），还积极通过资本手段扩张版图。最著名的当属对VR硬件企业Oculus的收购。Oculus被收购后发展迅速，先后推出了6款VR硬件产品，其中Quest 2一体机头显单品销售超过400万台，是迄今为止最为成功的VR硬件设备。在VR基础上，Oculus还在积极研发AR产品Nazare。在此基础上，Meta陆续收购了约20家相关企业，涉及计算机视觉、眼动、VR/AR外设、建模工具、引擎类等方面。在内容方面Meta同样动作不断，先后或投资或收购了7家VR优质内容开发商，包括Blend Media、Beat Games、PlayGiga等。

并且，Meta通过自主研发也同样建树颇丰。旗下的Reality Lab每年研发投入超过100亿美元，集中用于XR硬件、软件和内容的开发。所推出的成熟产品，除游戏外，Meta基于自身的社交优势，率先开发并上线了Horizon平台系列，涵盖元宇宙社交平台Horizon Worlds、生活平台Horizon Home和线上协同办公平台 Horizon Workrooms。在各类场景之中，Meta 还搭建了基于数字货币 Diem 的虚拟经济体系。

腾讯在元宇宙方面的布局则相对低调许多。早在 2015 年左右，腾讯内部就成立了相关团队探索 VR 硬件。此后这条产品线虽未真正浮出水面，但其内部在 VR、AR 领域的投入和探索一直没有完全停止。除了通过快手间接投资 MR 科技企业 Nreal 外，腾讯内部的创新孵化组织"创造营"中，一直有团队侧重于 XR 甚至元宇宙方向。

进入 2022 年后，腾讯投资了 AR 智能眼镜公司蜂巢科技，并传闻将通过收购游戏手机厂商黑鲨科技加码进军 VR 硬件领域。此后不久，腾讯内部启动了 XR 业务的人员招募，目标是在行业领军人物的带领下打造世界一流硬科技团队。其中，技术研发岗位涵盖硬件、软件、算法、结构、光学、质量等多个职位。

但腾讯在元宇宙中的初始优势，更多来自于其在社交、游戏、娱乐内容等领域的优势，以及近些年来在支付、企业服务和云计算等领域的丰厚积累。社交方面，微信和 QQ 几乎覆盖了所有的国内互联网用户，流量和对用户的理解等方面优势明显。并且腾讯最近几年在直播、短视频社交等新型社交方式方面也丝毫不落下风。相信在元宇宙社交方面，腾讯即使"后发"，也足以"制人"。

游戏方面，作为全球游戏收入规模较大的企业，腾讯的自有游戏团队本身就具备强大的开发和运营能力，它还通过一系列全球化的投资或收购，控制或影响了大量头部游戏厂商。比较著名的当属对 Roblox 和 Epic Game 两家元宇宙游戏公司的投资，前者是公认的元宇宙先行者，后者是全球软件装机量排名前列的 3D 引擎工具开发商。

腾讯在元宇宙基础架构方面的占位集中在云计算上。截止 2019 年 5 月，腾讯云全网服务器数量突破 100 万台，是全球五家拥有百万级服务器的公司之一。更为难得的是，腾讯作为云计算的后起之秀，不遗余力地打造全场景 IDC（互联网数据中心）能力。以游戏为例，腾讯相继推出了 START、Game-Matrix、即玩、云游戏四个游戏服务平台，帮助游戏开发商打造全周期云游戏行业解决方案。加上腾讯在文娱、企业服务、支付等场景的积累，腾讯在一步步拓宽着自身在元宇宙赛道上的面积。但腾讯最为举足轻重的力量依然是流量。

另外一家流量巨头是字节跳动，作为移动互联网时代的后起之秀，字节跳动在研发投入、投资等诸多方面的动作幅度及速率都为业内所称道。字节跳动原本更多地被定义为新社交的龙头，旗下的今日头条、抖音、西瓜视频、Tik Tok 等为其构建了足够的流量优势，而且相比之下，字节跳动在用户人群的年轻化和产品出海两个方面更具优势。

真正把字节跳动和元宇宙连接在一起的是 2021 年 9 月对国内头部 XR 硬件厂商 Pico（小鸟看看）的 90 亿元收购案。Pico 拥有包括 VR 一体机、相关外设、AR 头显等在内的完整产品矩阵，最近几年一直稳居国内 VR 硬件设备市占率第一名。其原股东歌尔声学，长期为 Oculus 等 VR 厂家提供代工生产服务，在全球 VR 供应链端具有首屈一指的影响力和议价能力。

通过这次收购，字节跳动对外传递出布局元宇宙的强烈信号。事实上，早在 2021 年 4 月，字节跳动就曾战略投资代码乾坤（一家元宇宙概念的游戏 UGC 平台）。该平台的基础是公司自研的互动物理引擎技术，通过提供众多功能性模块，让没有代码基础和美术经验的开发者也能够自由组建模型、开发游戏，被称为"中国的 Roblox"。

新老三巨头在元宇宙布局中的明争暗斗，尽管从目前还看不到明显的硝烟，但一项新技术趋势，在正式到来前就吸引了如此大的资源投入，也属于前无古人。有人用战略学里"帆船博弈"的案例来解读巨头间围绕元宇宙的明争暗斗，但更为合理的应该是面对元宇宙可能带来的"颠覆式创新"，即元宇宙带来的颠覆式挑战，不会局限于某一家企业，而是对全行业、全周期、全生态的一次崭新洗牌。

在此基础上，探讨科技巨头们的布局、专业公司的卡位以及创业公司的探索才具备实际意义。科技巨头尚且如此，创业企业更需要提前思考如何通过元宇宙浪潮来袭的考验。当然，大部分机构或企业无法做到像科技巨头一样，去参与甚至控制元宇宙的核心规则或标准，这从资源禀赋和元宇宙运行基础逻辑的角度看，缺乏现实可行性。但是通过分析、对比科技巨头和专业企业在元宇宙中的动向和动作，以发展的眼光做出符合自身实际的判断，不仅现实可行，可能也是多数机构和组织不得不接受的事实。

3.1.2 以内容生产为手段，逐鹿新阵地

元宇宙下的内容生产，应该是现阶段元宇宙最具吸引力的"新阵地"。要想参与这一阵地的战斗，需要具备特定的"武器"，这些"武器"需要向用户提供以高度沉浸感为显著特点的优秀感官体验、拥有支持亿万用户随时随地登录的技术条件、支持用户以虚拟化身与虚拟世界的人与物进行自然交互或拥有公共虚拟经济体系保障等。这个阵地是一块广袤无垠的开放战场，既有规则，又没有规则，是一块自由、开放、充满生机的"处女地"。

尽管多数内容平台都为开发者提供了简单易用的工具包，但不可否认，内容生产的"大部队"或"主攻手"多数仍将由具备更精良装备的专业企业担任。就如电影《头号玩家》和《失控玩家》中描述的一样，主体游戏因为开发成本高昂，通常只能由实力雄厚的专业企业完成，即 PGC。事实上，随着元宇宙影响力的深入，很多传统的内容厂商（如游戏厂商、娱乐公司等），已经积极地准备在元宇宙阵地上有所作为。

除了广为人知的 Roblox 外，该赛道里另外一家专业游戏企业首推 Epic Games。这家成立了超过 30 年的游戏厂商经久不衰的原因之一，是其研发推出的专业级游戏开发引擎 Unreal Engine（UE，虚幻引擎），而基于该引擎开发的《战争机器》系列游戏，在全球百大游戏销量排行榜上有名。

近年来，虚幻引擎已经进化到第五代，市面上半数以上大型游戏和影视特效基本都由 UE 打造完成。而第三人称射击游戏《堡垒之夜》，则将 Epic Games 带到了一个崭新的高度。这款承担着 Epic Games CEO Tim Sweeney 对元宇宙的理解和探索的游戏大作，支持海量用户同时联网在线，身处世界各地的用户在共同的场景里探索；游戏本身的程序、信息等是开放性的，可供用户编辑创作，自主给游戏里增加更多的内容。除了程序语言、协议、文件格式的标准化和高度兼容外，内容的严格筛选，基于虚拟经济体系的创作者经济等都支持着《堡垒之夜》逐步成长成一个平等且开放的元宇宙游戏平台。该游戏上线四年，用户规模超过 3 亿，月活峰值曾达到 7830 万。

《堡垒之夜》的成功之处是改变了用户在互联网上的社交方式。它早已超

越了游戏的范畴，逐步承载了越来越多的社交与娱乐功能，如演唱会、发布会、论坛等。配合 Epic Games 在创作者生态方面的投入，如虚幻引擎、Epic Games Store、Epic Online Services 等，形成了源于游戏，但高于游戏的元宇宙创作者生态环境。也为有志于在元宇宙中有所作为的游戏厂商提供了很好的借鉴。

一方面，《堡垒之夜》作为一款用户基数庞大、玩法多元的游戏，融入了越来越多的元宇宙元素。例如，允许玩家在游戏中进行自由创造，同时新增了更具社交属性的"派对岛"，玩家可以在其中和朋友共同玩耍，体验跳伞和钓鱼等小游戏。此外，除了与美国说唱歌手特拉维斯·斯科特携手外，《堡垒之夜》还和许多明星有过合作，将他们的演唱会搬到了游戏中。玩家可以在游戏中获得动感音乐与沉浸场景的美妙体验。

另一方面，Epic Games 旗下还有聚集着超过 3 亿用户、拥有超过 500 款游戏的游戏商店 Epic Games Store。元宇宙的内容是开放性的，需要众多的平台打破壁垒，合作共建更开放的内容生态。在这个方面，Epic Games 不仅积极和任天堂、索尼等企业合作，实现游戏内容的跨平台联机；还主动调整自身应用商店与开发者的分成比例。

除游戏内容外，文娱领域的内容厂商也开始各出奇招，开始在元宇宙细分赛道里寻找自己的位置。其中比较有特色的是 The Wave VR（简称 Wave），该公司从 2017 年就开始从音乐入手探索元宇宙。除了签约数十位艺术家推出过近百场虚拟演唱会外，Wave 还可以为音乐表演者提供任何形态的虚拟表演舞台。全球用户都可以通过 VR 设备进入，还可以创作内容（UGC）分享给其他用户。

Wave 与 Epic Games 等游戏平台一样，都能够创作出美轮美奂的虚拟演唱会舞台场景。但不同点在于，Wave 是一家专业从事虚拟演唱会服务的企业。专业的聚焦让其打造的演唱会更酷炫，更能满足粉丝需要，也更加接近元宇宙。

例如，Wave 会为演唱会明星进行 1∶1 建模制作虚拟化身，力争使虚拟空间中的明星看起来与真人别无二致。此外，通过高精度的实时动作捕捉技术，明星的细微动作能够表现并传达出来。最令人兴奋则是粉丝和明星的互动形式，点击关注和发送弹幕已经是观看明星 2D 直播的标配了，但在 Wave 打造的演唱会中，粉丝可以以更具创意的方式，如在明星周围"种一朵花"、和明星同屏出现等，与"爱豆"展开更深入、更有爱的互动交流。

正是这种被誉为未来音乐娱乐发展潮流的新形态，吸引了 Justin Bieber、The Weeknd、John Legend、Lindsey Stirling 等大牌明显纷纷与 Wave 合作，Wave 公司也趁机赚得盆满钵满，光过去两年就收获了 7000 万美元的投资。

在内容方面布局元宇宙的企业还有很多。和新老科技巨头相比，这类企业往往在技术研发方面并不占优势，但却在细分赛道上具有科技巨头所不具备的行业洞察、专业积累以及对客户和用户的深刻理解。辅以必要的技术手段，此类企业开始在元宇宙中打造自身很难被替代的核心优势。这种做法使其在现实商业生态中别具一格，是在元宇宙中谋求可持续发展的一种战略选择。

3.1.3 为用户创作提供工具和服务

元宇宙内容生态的构建离不开形形色色的创作工具。引擎包括商业游戏引擎、特定行业或领域的专用引擎等，是最主要的创作工具。目前，市场上最主要的引擎工具是 Unit 和 Unreal Engine。前者由美国 Unity 科技开发，在实时 3D 互动内容创作领域占据绝对霸主地位，统计数据显示全球排名前 1000 的游戏中，超过一半基于 Unity 创作完成，比如《精灵宝可梦 GO》《使命召唤手游》《王者荣耀》等。Unreal Engine 由 Epic Games 开发，作为追赶者，Unreal Engine 更多地被用于主机游戏和 Z 世代网游的开发，比如《堡垒之夜》《英雄联盟》《战争机器系列》《绝地求生》等。

Unity 和 Unreal 都是头部商业游戏引擎提供商，但两家的整体收入规模和科技巨头相比均相差甚远。Unity 2021 年全年收入仅为 11 亿美元（Unreal 的收入还远不如 Unity），还不到同样为创作者提供工具软件的 Adobe 公司的十分之一。足见商业游戏引擎的"生意"并不好做。

一方面，对于游戏大厂而言，尽管使用第三方引擎可以节省大笔成本，但风险极高。如果引擎供应商出现重大经营变动或核心技术人员异动，甚至只是技术、服务等支持不到位，都可能对其产品上线造成极大的打击。所以多数游戏大厂更多使用自研的引擎,比如 EA 有自研的 Frostbite 引擎,Rockstar 则使用自己的 RAGE 引擎等。

另一方面,对中小开发商而言,在游戏产品取得收入前先投入大笔成本采购成熟引擎多数情况下不太现实。所以部分独立开发者也不得不在开发游戏产品过程中逐步积累引擎能力;个别缺乏版权意识的企业甚至会选用盗版引擎软件。即便如此,更多的中小开发商、独立创作者还是会选择用成熟的商业游戏引擎,从而将有限的资源用于宣发等环节。

随着元宇宙的日益火热,商业引擎这一赛道变得拥挤起来。越来越多的游戏厂商和专业引擎开发商秉承着"引擎工具即平台"的商业模式逻辑,开始不计短期利益地在自身产品上加码。核心原因之一是随着整体市场总量的加大,元宇宙与游戏产业的密切关系吸引了原有和潜在的大量开发者进入这一行业,而新开发者通常更倾向于选用成熟的引擎以节约宝贵的时间和开发成本。

另外,近年来随着云渲染等技术的成熟,游戏载体有从 PC 和主机逐步扩充至手游的趋势,加上 VR 游戏的兴起等,可以预见整体市场规模会不断增长。此外,游戏产业的发展近年来呈现出专业分工日益明确的趋势,产品之间的竞争更多地开始体现在策略、玩法等更高阶的层面上,而日益提高的人员成本迫使企业不得不考虑降本增效的法宝。

其中,选用成熟的引擎工具既有利于降低采购成本,且在人员培训和使用成本方面也会有所降低。即使在开发过程中出现人员变动,也容易在市场上找到替补人选并快速上手。推演到元宇宙下,内容开发的海量需求势必需要动用巨大的开发力量;而创作者如果需要向用户提供高标准的内容,则需要采用第三方成熟引擎等工具,包括后续可能出现的 AI 加持下的元宇宙内容开发,这些都对第三方成熟引擎提出了更高的要求,无论是质上还是量上。

除了专业化引擎外,目前市场上还有很多图形编辑工具。这些编辑工具多是伴随着 VR 行业发展,特别是 VR 创客和图形化编程教育的普及而被推向市场的。代表性的有北京格如灵的格灵世界、上海曼恒数字的 IdeaVR、南京睿悦的 Nibiru Studio 和 Creator、西安飞蝶的 XR Create-X。

相比 Unity 等专业游戏引擎,这些更类似于在细分行业的设计工具,即在专业引擎之上的插件或"中间件"工具。当然部分工具如 Nibiru Studio 和中望软件的 3D One 则已经可以部分替代专业引擎，而在职业教育或 K12 创客教育领域独当一面。此类型的企业和产品很多，在元宇宙的创作者工具包里应有一席之地，但仍需要在专业引擎的支持下才能发挥作用，因此独立撑起一条赛道或细分市场仍待考证。

专业引擎也好，中间工具也罢，其归宿都是希望能够通过聚合 PGC 和 UGC 的内容，吸引足够多的用户最终成长为平台。这种模式或打法，目前为止最为成功的还是 Roblox。在 Roblox 平台中，用户可以使用其配备的引擎工具 Roblox Studio 来创建游戏，供其他用户体验。在大量用户的共创下，Roblox 积累了海量游戏，其中的模拟类游戏《Natural Disaster Survival》、生活养成类游戏《Adopt Me》、益智解谜类游戏《Murder Mystery 2》等都受到了千万级以上的用户青睐。

Roblox Studio 除具备引擎的常规工具性功能外，还内嵌了完善的经济系统来支撑其创作者生态。借助 Roblox 中的通用虚拟货币 Robux，所有虚拟游戏世界中的收费物品都可以进行交易。用户可以花费 Robux 从游戏商城购买衣服、配饰和表情等物品，也可以解锁新的游戏功能。平台与创作者分享游戏创作的收益，并支持其将手中的 Robux 兑换为美元。

简单易上手的工具引擎和完善的经济系统赋能了 Roblox 生态，也极大地拉高了该平台的价值。Roblox 官方数据显示，2020 年有超过 1300 个游戏产生超过 100 万小时的用户参与时长，有超过 17000 个游戏产生超过 1 万小时的用户时长。平台上的开发者因此获益颇丰，2020 年的开发者收入达 3.29 亿美元。高收入刺激着创作者在平台上创作出更多更好的内容，而优质内容则会吸引更多的用户加入平台，形成螺旋上升的良性循环。

而这也是大量企业以工具入手，希望由此构建平台并参与元宇宙内容大蛋糕分配的基础逻辑。技术进步带来的时代跃迁，只会让尊重用户需求潜心研发、遵从技术规律循序渐进的企业获得更多的认可。

当然，无力独立开发工具的企业，甚至独立创作者，在元宇宙中也并非毫无机会。相反，服务在元宇宙创作者经济中，已经开始崭露头角。

2021 年末，一篇"元宇宙的第一批打工人，捏脸师月入 4 万"的帖子让很多人知道了"捏脸师"这个"工种"。其实这个职业由来已久，很多游戏在创建角色时都有"捏脸"环节——支持用户对角色的身材、发型、五官等进行细致入微的刻画，大到脸型、肤色，小到酒窝、眉形、眼妆效果等。但并非所有用户都能够配置出令自己满意的角色形象，于是熟练使用3D美术软件"捏"出普通玩家无法企及的惊艳作品，并收取一定费用的"捏脸师"就应运而生了。

类似于现实世界中的医美，在虚拟世界中拥有一副美轮美奂的形象则要便宜得多，通常几十到上百元就可以拥有。这样的"消费方式"十分符合Z世代人群的胃口，根据京东大数据统计显示，对应人群游戏消费的稳健增长也证实了这一点。未来，随着元宇宙生态的日益成熟，相信会出现更多的服务需求，并逐步形成元宇宙的"第三产业"。有志于此的企业，不妨依托现有的巨头企业、平台、工具等，思考、酝酿、积累、布局。

3.2 产业链：搭建从技术到应用的全场景

在众多企业入局的情况下，元宇宙渐渐形成了较为完善的产业链，涉及软硬件技术、内容分发、行业应用等多个方面。部分企业聚焦于元宇宙产业链的某一环节，专门提供某项设备或技术，也有一些企业多角度入局，试图串联元宇宙产业的更多环节，通过卡位谋求优势。

3.2.1 硬件层：提供搭建元宇宙的硬件基础

在元宇宙的技术架构中，硬件层包括基础设施层和交互层。其中基础设施层的范围较为宽泛，原则上任何用于保障元宇宙经济和社会生活正常进行的"物质条件"，都属于这一范畴。遵照第1章的定义，基础设施层的重点是通信技术和网络设施（5G、6G）、各类芯片和传感器技术。其中，5G、6G已在第2章中进行了阐述，这里重点探讨芯片和传感器技术等在元宇宙中的位置和应用。

芯片层面，与元宇宙关系紧密的首推高通（Qualcomm）。2018年，高通推出了首款XR专用芯片XR1，并在三年后推出了其升级版本XR2。而在此之前，VR、AR 硬件厂商已经在使用高通手机芯片来驱动自家的硬件产品。早期的骁龙 820 被广泛应用于多款入门级 VR 一体机头显上，而骁龙 835 则被用于多款高端 VR 一体机机型。

相比手机芯片，高通 XR 专属芯片的计算（CPU）和图形计算（GPU）参数得到了大幅提高，为节约成本降低功耗，去除了智能手机才会用到的功能组件，转而强化了图形运算及对交互方式和摄像头的支持。比如 XR2 支持 8K 级全景视频以 60FPS（每秒传输帧数）或 4K 视频以 120FPS 进行播放，更加全面地支持包括 6DOF 手柄、手势交互、眼动追踪等交互方式，并且 XR2 最高可以支持调用 7 路并行摄像头，从而使 inside-out（由内向外）追踪定位技术得以在移动 VR 一体机设备上广泛应用。

在相继推出 XR1 和 XR2 芯片后，高通进一步完善了面向 OEM 厂商、开发者和硬件解决方案商的 XR 合作网络，提供强有力的技术支持，推动建设一个围绕 XR 的开放平台，从而围绕其芯片一步步地构建起完整的生态。

相比高通，错过了移动芯片市场的英特尔（Intel）则更多地发力 PC-VR 赛道，支持包括惠普、三星、戴尔、联想、宏碁等相继推出 Windows-VR 系列产品。但这一赛道因为缺乏与索尼 PlayStation-VR 相媲美的内容生态而市场占有率不高。在移动 VR 市场，英特尔的 CherryTrail 平台产品也因发热量大等问题而很少被厂商采用。与之类似的还有 AMD，其旗下的 VR-Ready 系列处理器虽然性能出色，但局限于 PC-VR 赛道且性价比相对不高，反而是其图形处理芯片（显卡）与英伟达（NVIDIA）随着 PC-VR 赛道出货量的逐年增加，收获了一波不错的销售增量。

除视觉外，传感器是 XR 设备中人机交互的感官接口，直接决定着用户在虚拟世界中的体验水平，足见传感器技术在 XR 乃至在元宇宙中的基础作用。在传感器领域，博世、意法半导体、德州仪器依然是当之无愧的三大巨头。但因其特定的销售模式较少被提及，在 XR 行业内更多采取与芯片厂商、硬件解决方案厂商等合作的方式占据应有的位置。

元宇宙的交互层包括以 XR 为首的各种人机交互外设、脑机接口和机器人技术。其中，人机交互外设前文已有提及，作为 XR 设备的重要组成部分不单独展开论述。而脑机接口虽被某些业内人士认定为人工智能的新方向，但和旨在"虚实结合"连接虚拟世界和现实世界的机器人技术一样，因自身仍处于较为初级的阶段，短时间内在元宇宙的技术版图中很难发挥决定性的作用。

时下，交互层的重点在 XR 头显设备的研发和生产上。其中，国内的主要厂商包括侧重 VR 的 Pico、爱奇艺、创维、大朋、小派等和侧重 AR 的耐德佳、燧光、影创、Nreal、Rokid 等；海外市场上，Oculus、HTC VIVE 的 VR 硬件和微软、Magic Leap 的 AR 头显相对市场占有率较高。这些厂商多具备 XR 硬件的设计能力，能够从产品的光学、算法、ID/MD、驱动、系统、内容生态等多个角度对产品进行规划，之后把设备的组装生产外包给类似于富士康之类的工厂。

在这个产业链当中，不得不重点提的企业就是歌尔股份。该公司不仅为包括 Oculus 在内的多家国内外知名 XR 硬件厂商提供代工生产，生产了全球半数以上的 XR 硬件设备，并且其母公司歌尔集团还是国内 VR 领头羊 Pico 的最大股东。

歌尔股份依靠其强大的研发、精密制造能力和供应链影响力，逐步成长为全球 XR 行业最具影响力的一站式解决方案提供商。业务版图涉及 XR 头显、XR 外设、全景摄像机等整机产品，以及 XR 光学器件、声学模组等众多组件的设计制造和生产组装等。

自元宇宙爆发以来，在硬件方面极具优势的歌尔股份发展迅速。公司 2021 年半年度报告显示，公司上半年营收达 302.88 亿元，同比增长 94.49%，其中，VR/AR 等智能硬件业务贡献了 37.01%，达 112.10 亿元。

3.2.2 软件层：XR 系统软件的两大阵营

元宇宙没有单独的软件层，因为系统软件基本贯穿了元宇宙技术架构的每一层，即从基础设施层到体验层运行着数量庞大、各成体系的软件，从各种功能角度维系着元宇宙的平稳运行。受限于篇幅，这里仅重点探讨 XR 硬件的系统软件和相关工具软件。

XR 硬件分作 PC-VR 设备和移动 VR 一体机设备两类主要形态，前者依托于主机或个人计算机完成运算，而后者则内置了独立的移动运算芯片。此外还有一种形态的 XR 设备需要外接智能手机等设备使用，通常也被归入移动 VR 一体机设备一类。当前，PC-VR 的系统软件以微软的 Windows 操作系统为主，通常为 Windows 10 及以上版本；而不同品牌的移动 VR 一体机的操作系统，多基于安卓系统打造。如 PC 与智能手机一样，两种类型的 XR 设备目前同样延续了 Windows 和 Android 两大操作系统阵营。以 XR 设备中的 VR 设备为例，两大操作系统支持的部分 VR 品牌和 VR 头显产品见表 3-1。

3.2.3 内容层：内容运营与分发

当前条件下，元宇宙相关内容的运营与分发，呈现出显著的"多极分化"趋势。一方面，主流的硬件厂商基本都搭建了自有的内容生态，比如 HTC VIVE 在 2016 年 9 月推出了自有内容平台 Viveport，内含大量 VR 游戏、优质全景视频和热点行业应用。后续针对手机 VR 头显还推出了 Viveport M 平台，支持安卓手机用户下载体验各类 VR 应用和全景视频。

表 3-1 Android、Windows 支持的 VR 品牌和 VR 头显（部分）

操作系统	VR 品牌	VR 头显
Android	Oculus	Oculus Quest/GO
	NOLO	NOLO X1
	HTC VIVE	VIVE Focus 系列
	Pico	Pico G/Neo
	奇遇	奇遇 2s/pro
	大朋	大朋 P1 pro
	IDEALENS	K2/K2+、K3
	联想晨星	G2
	影创	Action One Pro
	Nreal	Nreal Light
Windows	HTC VIVE	Vive Pro
	惠普	惠普 Reverb
	戴尔	Visor RM
	3Glasses	蓝珀 S1
	微软	HoloLens

国内另外一家在内容运营和分发方面别具优势的厂商是爱奇艺VR，依托母公司在3D和VR影视方面的资源优势，奇遇VR从一开始就备受瞩目。放眼海外，硬件市场占有率排名前两位的VR厂商均有自己的内容平台，Oculus的内容分发平台Oculus Home不仅包括大量的VR游戏、视频、社交、工具类应用软件，还支持用户通过其应用观看Netflix影片、电视转播等内容；另外一家厂商SONY更是无须多言，其旗下的内容平台上支持PlayStation VR的游戏已经多达数百款。

除硬件厂商外，围绕自主引擎形成的闭环内容生态的游戏厂商，也是元宇宙内容运营分发赛道中不可忽略的一股力量。Roblox、Epic Games作为其中的佼佼者，早就在自身游戏平台上完成了引擎工具、内容创作、平台内分发、用户和数据运营、经济系统等完整生态的搭建。其闭环的创作者经济使其在可持续发展的同时，可以有效对抗来自硬件厂商内容平台的冲击。这一类型的内容运营分发平台还有基于PC主机或VR操作系统的应用商店，比如微软的Windows商城和各类安卓应用商店。

令上述两类内容分发平台所有者无法忽略的是公共内容平台，比如Steam平台。因其跳出了硬件厂商的设备限制和游戏厂商闭环生态的创作者经济圈，而在独立创作者中拥有更高的支持度。事实上，只有公共内容运营分发平台才符合元宇宙去中心化的理念和发展逻辑。相信随着元宇宙内容端的爆发，原本缺乏稳定聚焦的公共内容平台会水涨船高，收获更多的优质内容并因此聚集更多用户。但当前阶段，平台与游戏发行商对用户付费进行分成的方式，让公共内容平台很难通过运营收获稳定盈利，此外，其还需要面临类似于Windows商城之类的竞争对手的强力挑战。

在多极分化的内容运营与分发平台赛道上，还有一类特定的角色：运营商。依托在5G通信和网络等基础设施层的先天优势和由此带来的用户数据积累，运营商在推动XR行业发展中一直扮演着十分积极的角色。特别是随着元宇宙的到来，运营商已经不再满足于仅在通信网络内部搭建算力网络这一基础投入，还积极参与内容创作、运营和分发等的各个环节。

以中国移动为例，在元宇宙内容创作方面，中国移动旗下的咪咕与亚足联携手，运用5G、8K、VR等技术，为2023年亚洲杯足球赛打造可以实时互动、提供高沉浸体验的"云赛场"。此外,咪咕还推出了应用在体育领域的 Meet GU 数智达人,如图 3-1 所示。

扫描查看彩图

图 3-1　Meet GU 数智达人

　　Meet GU 数智达人是以"中国移动 5G 冰雪推广大使"谷爱凌为原型打造的数智分身,延续了谷爱凌本人热爱运动、自信乐观的特质其不仅具有酷似真人的形象,还可以进行沉浸式实时互动,同时,她还将走进咪咕冬奥赛事演播室进行相关赛事播报,并和观众实时互动,提高观众的沉浸感。而在内容运营和分发领域,咪咕更多地通过与上下游硬件和内容厂商的合作,共同搭建 5G+VR 的开发合作生态。事实上,早在 2016 年,中国移动就成立了 5G 联合创新中心,重点推动 XR 在 5G 下的快速发展。

　　相比其他层,元宇宙内容层是业态最为丰富,也最具创造力的一层,相信未来在元宇宙商业体系中会容纳更多的企业和就业人群。当前阶段的元宇宙内容层,从规则到玩家,不可避免地延续了 VR、AR 行业的积累,内容也多集中在游戏、全景视频等形式。相信随着技术的发展和元宇宙的逐步成型,会有更多的企业在内容创作上突破形式、突破行业、突破硬件限制、甚至突破现有的规则,实现真正的百花齐放,百家争鸣。

3.2.4　应用层：多种内容渗透多行业

提起元宇宙应用，很多人首先想到的一定是游戏或社交。但事实上，元宇宙的应用场景十分丰富。即使在元宇宙刚刚兴起的今天，除了游戏和社交，行业内很多公司已经在文博旅游、办公、教育等很多领域展开了积极的尝试。

在文博旅游方面，迪士尼率先开始探索在游乐项目中解锁元宇宙相关理念和技术，在其度假区内推出的《星球大战：银河星际巡洋舰》娱乐项目，其中的银河星际巡洋舰本身就是沉浸式剧场和虚拟世界环境的融合。在这个虚拟场景中，人们可以自由行动，和各种角色互动。游客除了可以扮演既定的角色外，还支持创造新的角色，从而使游客可以以新的身份参与到故事中。而在体验航行的过程中，人们的行为和选择会对他人和故事进展产生影响。选择不同，故事的过程和结局也各有不同。因此，游客通过这个娱乐项目获得的体验都是别具一格、与众不同的。

在办公领域，当下大量职场人群都开始习惯线上办公或会议，而随着技术的进步，相信元宇宙下的办公可以将更多工作场景搬到虚拟空间内，体验也会越来越好。想象在虚拟空间中，人们可以创建一个虚拟化身，通过 VR 设备和各种传感、动作捕捉等设备和技术，自由地和同事开会、讨论、协同办公等，甚至可以借由虚实结合的机器人完成货运、清洁、烹饪、维修等各种之前只在物理世界才能完成的工作内容。效率提升是必然的基础，在此之上，传统的办公模式的各种限制（比如地域限制、资源限制、语言限制等）都可以被打破，身处世界各地的用户可以相聚在虚拟空间，共同规划并达成企业的发展目标。

这也是微软和 Meta 规划的愿景，在实际落地推动方面，两家公司也是不分伯仲。微软最早提出了"企业元宇宙"这一方向，并围绕这一方向推出了两个系列的产品：Dynamics 365 Connected Spaces 和 Mesh for Teams。2020 年以来，很多企业不得不安排员工居家办公，但部分工作内容依然必须通过线下当面合作完成，这种线上远程办公和线下当面合作相结合的混合办公方式，对企业获取客户信息、内部运转、决策、员工协同、个人发展等提出了更高的要求。

基于此，Dynamics 365 Connected Spaces 致力于为企业决策层提供一个全新的视角，帮助其了解客户在商业或生产场景下的移动和互动方式，通过建立 AI 驱动的数据模型，协助客户提高在混合工作环境中的工作效率和安全水平。而 Mesh for Teams 则是微软的会议平台 Mesh 和生产力提升工具 Terms 有机结合的新产品，在二者原有的支持身处异地的用户在线协同（举行工作会议、发送资讯、处理共享文档等）的基础上，还允许用户使用个性化的 3D 头像作为自己的"虚拟化身"，从而大幅增加同事之间线上工作交流的临场感，其体验已经有了元宇宙工作场景社交的影子。

社交巨头 Meta 则更进一步在其推出的元宇宙办公应用 Horizon Workrooms 里，搭建了风格多元的虚拟办公空间，如图 3-2 所示。用户借助 VR 设备进入虚拟会议室后，展现在其他同事面前的则是自己设定的虚拟化身，虽然只有上半身，但与 3D 头像相比已经有了很大突破。在虚拟空间中无论是开会、培训，还是给客户演示产品等，其真实感和互动感已经很大程度上接近在线下物理世界中的工作感觉。

扫描查看彩图

图 3-2 Horizon Workrooms

此外，Horizon Workrooms 为了提升用户虚拟办公体验，还支持如下功能。

1) 支持实时记录。Horizon Workrooms 中加入了键盘追踪功能，即使人们身处虚拟空间中，也可以在计算机中做笔记，并可以和其他参会者共享计算机屏幕。

2) 支持身体追踪。Horizon Workrooms 支持头部和手势追踪，这使得用户能够在虚拟空间中展示各种动作，如转头、打手势、挥动手臂等。

3）加入虚拟白板功能。这一功能便于人们展示 PPT、修改数据、记录会议要点。在会议结束后，人们还可以将虚拟白板中的内容导入到线下的计算机中。

元宇宙的产生是多项技术走向成熟的结果，而技术的演进会进一步推动着元宇宙的真正到来，但作为一项技术、产业乃至社会文明发展的新阶段，最为关键的是渗透到各行各业的具体应用当中。人们坚信，随着元宇宙的发展，未来元宇宙相关应用将在更多领域落地。技术的进步带来的是更多更好的产品和更低廉的价格，更多的线下现实场景会被以更便捷、更高效的形式搬到线上，在这个转换过程中，必然会有更多的人通过元宇宙产品获得更丰富多彩的沉浸式体验。

3.3 产业趋势：各环节相互融合

纵观元宇宙的整个产业图谱，其各环节并不是孤立存在的，而是在越来越紧密的联系中不断融合。在企业内部和在企业之间，硬件和软件的相辅相成，内容与平台的互相促进，数据、AI 与机器人的协同发展，虚拟与现实边界的日益模糊，让元宇宙的产业生态从一开始就呈现出与以往产业进程不同的特点。

3.3.1 产业链相互融合，软硬件相辅相成

2014 年，Facebook 对 Oculus 20 亿美元的收购和 2021 年字节跳动斥资 90 亿元人民币入主 Pico，行业内解读为两家社交巨头对未来硬件入口的布局，但同时也传达出元宇宙初期盛行的打法之一就是融合。在可控的范畴内尽可能地融合优势资源壮大自己，而不是在单一赛道上"一条道走到黑"，是很多科技公司面对元宇宙不确定性的一种稳健选择。因此，抢夺入口只是开始，更多的是要做到软硬件的相辅相成。

Facebook 完成对 Oculus 收购的初期，并未过多干预其发展。但随着融合的深入，Facebook 通过各个方面开始了对 Oculus 的"赋能化改造"。资金上

的大额投入是必然的，Facebook 对 Oculus 的赋能化改造体现在更具体的三个方面。

1）通过团队高层重组强化了对于 Oculus 的影响力，成功地将 Oculus 分为 PC-VR 和移动 VR 两条业务线，而后者也不负众望地相继研发、推出了 Santa Cruz、Oculus Go、Quest 和 Quest 2 等多款成功的移动 VR 一体机产品，直接扭转了 Oculus 在 PC-VR 出货量上相对 SONY 和 HTC VIVE 的劣势地位，成功把 Oculus 和 Meta 提升到 VR 硬件行业的领先地位。

2）直接推动了 VR 内容研发的进程。在 VR 元年前后，市面上专注于 VR 内容创作的公司很少，精品内容更是凤毛麟角。硬件厂商们不遗余力地呼吁游戏厂商加大投入，期盼着有一款类似于《愤怒的小鸟》的成功游戏，然后复制这一内容大幅拉动硬件销售的案例。但现实情况是硬件出货量有限，少有开发者愿意动用百万美元级别的投入去开发 VR 游戏。但 Facebook 的入局改变了这一切，扎克伯格不仅自己直接投入资金，比如仅 2016 年就在 VR 游戏、电影、教育等领域投入了超过 2500 万美元。此外，这给予了游戏厂商信心，在此之后，游戏厂商纷纷加大对 VR 赛道的研发投入，带动硬件销售的同时也收获了不错的内容销售分成。

3）将这块业务搭上了元宇宙的高速车道。如果说"硬件+游戏"仅仅是简单的软硬结合，那么"硬件+社交软件"则需要突破 C 端用户数的奇点，这对任何一家硬件厂商来讲都很难，但 Facebook 做到了。更进一步，"硬件+软件+元宇宙"则将软硬集合上升到了新的高度，也让 Oculus VR 硬件载体和 Facebook 的社交基因上升到了产业跃迁的新高度。

复盘 Facebook 对 Oculus 的融合过程，可以反映出当下科技巨头（特别是软件或行业应用巨头）在布局元宇宙过程中的一种战略选择。通过投资或收购的方式，将自身所具备的优势与硬件入口相结合，再通过精细化运营逐步完成合二为一的工作。只不过知易行难，将软的基因植入硬的躯壳，对管理团队的考验不仅是战略高度，更是策略上的智慧和执行时的敏锐与力度。但是在元宇宙的大势下，如果希望在新的产业格局中占据有利位置，这可能是科技公司的企业家们不得不应对的挑战。

3.3.2 多方面发力，全面布局元宇宙生态

未来只会有一个元宇宙吗？答案是肯定的。但在未来到来之前，会不会出现多个"子元宇宙"并存且互联互通的情况？答案也是肯定的。之所以如此肯定，一方面是参照最近三十年IT、互联网、移动互联网发展的规律；另一方面，则是当前以新老科技三巨头为首的大型企业在布局元宇宙过程中的趋同性所带来的必然。

产生这样的阶段性发展，不排除前文提及的"帆船效应"：科技巨头们在战略选择时为规避风险不可避免地采取相似的策略以免在竞争中落后。此外更多的是元宇宙虽然概念火热，但其达成路径和速率以及构成要素和相对权重等对所有企业都是未知的，都存在着一个相对长期的探索过程。每个用户心中都有自己理想中的元宇宙样式，同样，每一家参与到元宇宙大潮中的企业，基于自身的出发点，也有路径和方式选择上的被动和主观能动。但正如罗马不是一天建成的，元宇宙的建成也一定是逐步的、动态的、螺旋上升的。

当元宇宙各种元素齐备后，元宇宙或者说"子元宇宙"才具备了1.0的基本条件，通过和其他"子元宇宙"的互联互通，共同构成了初代的元宇宙。这只是开始，后续多个"子元宇宙"的融合、去中心化、经济系统统一等，才会产生用户公认的元宇宙1.0。

而在推动这一切到来之前，科技巨头们首要的是让自身具备能够构建一个相对完备元宇宙的能力，补齐短板。例如，字节跳动在完成了对VR硬件头部企业Pico的收购后不久，就官宣了对光舟半导体芯片公司的投资，而这家企业以在衍射光学、半导体微纳加工等方面的优势所著称，核心产品包括AR眼镜成品和AR显示光芯片、模组等零部件。

而在内容方面，字节跳动投资了元宇宙概念公司代码乾坤——一家被誉为"中国版Roblox"的UGC平台企业。该公司基于自主研发的互动物理引擎打造的《重启世界》，定位于"青少年创造社交平台"，由具备高自由度的创造工具平台和高参与度的年轻人社交平台组成。

从字节跳动的诸多动作可以看出，其带有一定的"用金钱换时间"的目的。这也是多数科技巨头已经逐渐习惯的发展路径：利用资金优势，通过投

资、收购等在短时间聚集各方技术与资源，抓住元宇宙的发展契机，先让自己具有站上元宇宙赛道竞速的资格。之后随着产业的落地和发展，一方面强化内部融合练好"内功"，另一方面通过与外部公司的竞争合作，甚至妥协，获得尽可能有利的优势地位。

那么，创业企业在元宇宙中，还有机会吗？答案也必然是肯定的。元宇宙的初期构建需要巨额的投入，不可避免在初期会依赖于资源占优势的科技巨头。但随着元宇宙发展的深入，其开放、去中心化等本质属性，势必会为更多企业营造出生存空间。元宇宙不是新一轮的"军备竞赛"，带有导致垄断的悲剧属性；而是在这个虚拟空间里，让人性驱动的用户需求以及受其引导的市场规律会发挥根本性作用。

并且，科技巨头全面布局的态势虽然有利于元宇宙尽快浮出水面，但投入的高度同质势必会导致在构建其他元宇宙场景、实现其他重要功能等方面的缺失，这就为其他企业留下了机会。事实上，即使在元宇宙建设初期，数以亿计的用户和千差万别的需求所带来的需求绝非某几家企业所能满足的。并且随着元宇宙的深入人心，同样也会出现需求的升级和个性化的趋势。所以，在代表着人类科技、商业、经济、生态乃至文明的新时代，元宇宙中任何一条细分市场都孕育着无限的机会和可能。

Chapter Four

第 4 章

行业风口：元宇宙是互联网发展的新形态

互联网已经高速发展了十几年，它下一步的发展方向在哪里？纵观互联网大厂、投资机构近期的实际举动，似乎都剑指元宇宙。媒体也在大量报道中说元宇宙是互联网发展的新风口。为什么这么多机构和互联网企业都看好元宇宙？互联网的下一站是全真互联网还是元宇宙？二者的关系又是怎样的？

4.1 互联网的发展推动元宇宙的形成

互联网的本质是联结，而元宇宙则被界定为在 VR、AR 眼镜上的整个互联网。二者的密切关联一方面源于元宇宙是互联网发展到一定阶段的产物，另一方面是因为元宇宙被众多从业者认定为互联网的未来方向。尽管到目前为止，没有人能够肯定元宇宙是互联网发展的唯一出路，但二者在发展路径上的耦合是十分值得思考的课题。

4.1.1 互联网阶段性发展，终局是元宇宙

1969 年，互联网正式诞生。1994 年，我国正式接入国际互联网。1994 年，亚马逊成立，四年后谷歌诞生。国内的互联网起步稍晚，但 1997 年成立的网易和集中于 1998 年成立的搜狐、新浪等一系列新闻资讯类网站催生了我国的"门户网站元年"，这一年成立的还有腾讯和京东。次年阿里巴巴成立，而百度则是在 2000 年成立。同年，先一步入局的网易、搜狐、新浪在纳斯达克上市，但很快持续三年的"互联网泡沫破灭"让国内外众多互联网企业经历了严峻的考验，Web 1.0 时代也就此终结。

Web 2.0 时代下的互联网企业开始更多地关注企业盈利，以 2004 年成立的 Facebook 和 2005 年成立的 YouTube 为首的众多硅谷企业，给了国内互联网公司大量的启发。2004 年支付宝成立，2005 年的博客元年诞生了包括新浪微博在内的众多博客网站，2006 年优酷网成立。2007 年 iPhone 上市，2009 年工信部批准 3G 牌照，移动互联网时代正式来临，Web 2.0 时代结束。

Web 3.0 时代是移动互联的时代。2010 年，小米、美团、爱奇艺创立，众多团购网站参加"百团大战"，腾讯和 360 的"3Q 大战"在工信部和国家网信办的介入协调下才得以平息。同年谷歌正式退出中国市场，百度在搜索引擎领域一骑绝尘。自此，基于 PC 的传统互联网格局得以确立，各家互联网企业在竞争之后得以在不同赛道确定自身位置。此后，互联网企业和新入局的新鲜力量，开始在智能手机的新战场上展开角逐。

这其中几个具有代表性的时间节点如下。2012 年，我国手机上网人数首次超越 PC 网民数量，同年，字节跳动成立；2013 年，工信部批准 4G 牌照；2016 年谷歌旗下 Deep Mind 公司研发的 AlphaGo 战胜了人类职业围棋世界冠军李世石，推动众多互联网企业加速探索 AI 与互联网的结合；2019 年，工信部向运营商发放 5G 商用牌照，高速带宽激发了短视频、直播等行业的爆发；2021 年，Roblox 高价上市并带火了元宇宙概念，同年，Facebook 更名为 Meta。

回顾互联网（特别是国内互联网）20 余年来的发展不难看出，互联网的发展速度已经远远超越了工业革命、信息技术革命对各行各业的渗透速度，但对人类社会经济的影响都是深刻且深远的。与几次工业革命和信息技术革命一样，新的技术革新会带来新的规则、新的革新，产生出新的力量，在之后很长一段时期影响商业版图、产业发展乃至社会生活。

突出的表现是用户数（特别是移动互联网用户数）在过去十年飞速增长，已经接近顶峰。中国互联网络信息中心的数据显示，截至 2021 年 12 月，我国网民总体规模达 10.32 亿，互联网普及率达 73%。同时，我国手机网民规模达 10.07 亿，网民使用手机上网的比例高达 99.6%。这些数字和比例"见证"了中国移动互联网行业的成功，也预示着未来依靠人口红利产生的增长空间变得十分狭小，我国作为全球最大的互联网市场的流量红利正在逐步减弱。

抛开市场和用户，Web 1.0~Web 3.0时代还造就了一批优秀的互联网公司和企业家，也造成了在很多细分赛道个别互联网企业的绝对影响力，比如搜索引擎、OTA、即时通信等。这些企业和旗下的网站或App，长期占据着细分赛道的头部位置，并通过自主研发、投资或并购，影响甚至控制着整个产业链上下游的生态。当然，这些企业的投入，从宏观角度提升了整个产业链条的运转效率，直接提升了我国互联网行业在全球竞争中的地位；从微观角度，亿万用户也享受到了更为经济和优质的体验。

当然，技术进步还是原动力。科技驱动下，社会文化的发展带来需求的升级迭代和个性化趋势，促使互联网的"指挥棒"转交给Z世代，也推动着互联网企业的业务变革和升级。为了不成为"颠覆式创新"的牺牲品，为了巩固自身的地位和聚合更多的资源，互联网企业在过去十年中不断推陈出新，产品介质从文本、图片、音频到短视频、直播；资讯和业务流从单向传播到双向传播再到去中心化。

不得不承认的是，众多互联网企业在现实市场领域已经很难再找到大块的"处女矿藏"，所以现今这些企业多数都在原有赛道精耕细作，比如将电商深入县城、开进社区等，或者把线上用户的标签分类做得再精细几层，其投入产出比自然大不如前。而用户层面，对原有的产品和服务越来越习以为常，一方面新的微创新产品和服务很难激发起他们足够或持续的关注力，表现为很难有一个新兴App能够顺利做到千万以上用户，并且能够持续超过24个月；另一方面，过去五年，占比很高的用户行为开始向线下"回流"。

于是，互联网企业和亿万用户都在期盼：互联网、移动互联网的下一步方向在哪里，谁又能承接互联网发展的重任？

元宇宙的出现恰逢其时。

从这个意义上讲，与其说是互联网技术和行业的发展催生了元宇宙，倒不如说元宇宙的到来给互联网行业带来了"泄洪"的缺口，当然也是希望的曙光。所以说，元宇宙的技术先进性，包括融合了XR、AI、5G和云计算、游戏引擎、区块链等所有新兴领域的最新技术成果，也因此被作为互联网发展的终极目标。但还有一个视角不得不令人思考，那就是在互联网行业进一步发展的压力下，必须要且迟早会出现一个新的方向。

此时，这个新方向叫什么名称变得不那么重要。但因为要承载包罗万象的互联网行业的各种预期发展空间，这个新方向的内涵和外延必定是兼收并蓄的，并且需要包含各类新兴技术，用新兴技术的发展潜力来承接所有的预期。而且随着这个名称的确定，无论是从战略性的增长性考虑，还是用户教育的微观视角，都需要把各类新技术、新趋势、新功能、新体验加诸给它。

综上所述，互联网的下一步方向被称为"元宇宙"也许存在一定的偶然性，但"元宇宙"的到来，也有其必然性。

4.1.2 元宇宙，下一代算力和人机交互平台迭代的产物

伴随着个人计算机的普及，互联网时代来临。配合着3G、4G通信网络，智能手机的普及速度直接影响了移动互联网在方方面面的渗透。而随着可穿戴设备，特别是VR、AR技术升级和设备迭代，人们有理由相信，互联网将必然走上一个新的发展阶段。

PC时代，计算机是人与虚拟化的数字世界连接的唯一入口。这一时期，现实世界被映射为各种信息数据，通过互联网传播到每一个接入终端。用户则被动地通过窄小的屏幕和键盘、鼠标，单向接收已经存在的信息。所以，互联网早期同样缺乏"内容"。当时，如何快速地把现实世界的方方面面加以信息化后"搬到"互联网上，成为困扰众多互联网企业的难题。

另外一个影响互联网发展速度的因素是入口设备，即PC的算力水平。相比当前动辄8核、10核，主频达3GHz、4GHz的CPU和超高显存频率及位宽的GPU，PC时代初期的计算机处理器都是单核的，主频也只有75~200MHz。加上当时极其有限的互联网带宽，早期的互联网用户体验非常糟糕。即便如此，PC的普及依然具有里程碑般的意义，它奠基了互联网时代的到来。

短短数年，计算机快速发展吸引着越来越多的用户投向互联网的怀抱。网络效应最终形成，并进一步促进了PC硬件配置、内容体量、互联网功能、从业企业规模等的良性循环，从而最终形成了完善的生态。

如果说PC互联网时代的主旋律是信息的数字化，互联网联结的需求主要以资讯为主的话，那么智能手机互联网时代最大的革新是将人与人之间的关系数字化，移动互联网下联结的需求变得多元化、个性化，联结方式和规模

也大大超越了 PC 互联网时代。

2007 年，苹果公司发布了第一代 iPhone 手机，之后以每年一代的速度进行迭代，逐渐成为智能手机行业的风向标。配合着通信网络的升级，移动互联网时代成功地渗透到生产和生活的各个领域。相比 PC，智能手机的硬件迭代速度更好地遵循了摩尔定律，其 CPU 处理器从早期的 412MHz（初代 iPhone）升级到了 3.23GHz（iPhone 13），GPU 也达到了 5 核水平，传感器也越来越准确精密。

伴随着移动通信网络从 3G 到 4G、5G 的迭代，我国乃至全球移动网民在短短十年时间就达到了顶峰。移动通信网络和智能手机的升级和普及，把亿万网民从计算机屏幕前迁移到了手机屏幕前，用户也从记忆一个个网站域名改为在手机屏幕上轻轻点击一个个 App 图标。这种转变对用户的体验改善绝不局限于此，亿万用户随时随地在线，使其共性的和个性的需求都得以被激发和释放，在供给侧也呈现出"O2O"趋势（线下转移到线上），并由此创造出数量庞大的场景，以满足用户侧的需求。

在数以千万计的 App 中，社交等重塑人际关系的应用始终占据主流，微信、微博、短视频、直播等移动互联网主力产品都带有明显的社交属性。且随着移动网络资费的下调，社交介质也在不断丰富，以满足用户不断升级的感官需求。

XR 行业的发展与智能手机密不可分。突出表现是即使到今天，XR 硬件供应链仍与智能手机的供应链高度重合。在高通推出 XR 的专业芯片 XR1 和 XR2 之前，几乎所有的移动 XR 设备都采取了与智能手机相同的处理器芯片。早期率先被应用于移动 VR 一体机的高通骁龙 820、821CPU 和三星的猎户座 7420、8890CPU 等，都仅在手机芯片基础上进行了少量的修改。而高通在 2019 年推出的 XR2 芯片则为 5G 时代的 XR 硬件量身打造，CPU 相比早期的 820 从 4 核（单核 2.15GHz）提升到了 8 核（单核 2.5GHz），GPU 也从 Adreno 530 升级到了 Adreno 650，并且在视觉渲染、全景声场以及更高精度交互追踪方面都做了大幅升级。

从 PC 到智能手机，互联网的迭代与用户需求的觉醒可谓互为因果。从信息的数字化到人际关系的重塑，用户越来越习惯于更长的在线时长。在对线上生活形成更强依赖的同时，也不断追求更佳的体验。移动互联网最近十年的发展见证了用户需求的多元化爆发和流量入口的集中化趋势：一方面，用户逐步厌倦了当前的体验模式，对于"千篇一律"的需求场景满足方式失去了往日的热情，侧面促成了流量入口的集中；另一方面，移动互联网企业之间的竞争日趋白热化，在日益提升的流量成本下，不得不向产业链上下游扩张，以提升效率的方式来对抗成本上涨。供需两侧，都期盼着一种跨越，一个能够为互联网企业和用户都带来无尽增长潜力和想象空间的创新。

在此基础上，智能手机作为用户个人与数字化世界双向连接的载体，对人类本身的行为方式造成的改变作用逐渐彰显。智能手机将个人从 PC 时代的群体概念中剥离出来，并且智能手机的算力让用户在人类进化史上首次可以相对平等、自由地以自我的身份出现。与古代的名人雅士以自身才干、著作、事迹青史留名相似，智能手机的算力让用户得以把自己的个性痕迹刻在与人类物质文明并驾齐驱的虚拟文明上。

尽管受限于智能手机本身的技术水准，这种"留痕"仍旧是片面的，但 XR 硬件的诸多特性已经可以填补智能手机的空缺。并且作为公认的下一代计算平台，XR 硬件能够替代智能手机作为用户的个人所有需求与虚拟世界的交互接口。体验是有其物理限制条件的，在 XR 技术的赋能下，用户体验的改善体现在更为全面的需求满足、更进阶需求的进一步释放，以及突破现实世界限制进入到一个新纪元——元宇宙纪元。

4.2　元宇宙是互联网的下一站

当前，互联网用户的增量红利不断减少，怎样盘活用户存量、继续挖掘用户流量红利成为互联网行业发展的关键难题。是战略上的主动求变，还是竞争中的被迫创新？从企业发展和产业升级两个维度，留给互联网企业的选择并不多。而跟上产业发展的大势，在激烈的市场竞争中不被用户抛弃，是互联网企业攻守兼备的必然。目前来看，元宇宙所倡导的数字化、虚拟化和体验升级，是互联网列车不得不开往的下一站。

4.2.1 互联网发展存在瓶颈，元宇宙是突破口

2014年4月25日，诺基亚宣布完成与微软公司的手机业务交易，正式退出手机市场。昔日的功能机手机大鳄，在功能、外观、内容生态等更为大行其道的智能手机时代，黯然退出了历史舞台，由此引发了科技界和管理界对其失败原因的反复探讨。

套用已故哈佛商学院教授克莱顿·克里斯坦森在《创新者的窘境》一书中的观点，类似诺基亚如此规模的企业，其在技术研发、运营管理及创新体系方面都是完备的。但根植于企业内部的创新，往往建立且维系在一定的价值理念之上，而这些价值理念因为之前促成过企业的成功，受经验主义的影响会束缚企业内部产生足够的改革动力。

因此无论技术研发、运营管理、创新体系的人员多么优秀，其出发点和归宿都最终会落在对原有系统的维护上，而无法突破边界。但是当颠覆性技术出现时（比如安卓和iOS系统相对诺基亚塞班系统而言就是一项颠覆性技术），无法从内部实现技术突破的企业，最终会被淘汰。取而代之的，是颠覆性技术的持有方和拥抱者。它们会扩大并占据全新的市场，形成全新的市场规则、生态和价值网络。当然这并不是终局，因为新一代的颠覆式创新，可能已经在酝酿之中。

《创新者的窘境》为互联网企业决策者们提供了与以往截然不同的视角，受其影响，互联网企业纷纷举起鼓励多种形式创新的大旗，更有企业将其创新孵化器有意与主体业务剥离，以达到培养颠覆式创新的目的；同时采取近乎激进的投资或并购策略，融入甚至破坏可能出现的颠覆式创新。在此基础上，当市场上出现潜在的颠覆式创新时，为防止被竞争对手超越，其他互联网企业往往会选择跟随。因此，比赛的制胜法宝是看竞争对手而非环境，因为环境对所有人是公平的。

互联网发展到今天，几乎在每一条细分赛道上都存在激烈的竞争，流量资源和业务的集中把竞争也集中到了巨头之间。当产业发展到了新的十字路口，面对元宇宙的风向变动，互联网巨头几乎不约而同地采取了"跟风"的做法。当然，因为每家互联网巨头的基因、优势等不同，各自的战略选择依

然会呈现差异化的趋势。但殊途同归，补齐各自短板的互联网巨头们，最终都站到了元宇宙的赛场上。因为除了对标的竞争对手都在这里外，其内部原因同样发挥着巨大的作用，那就是巨头们担心元宇宙是一项颠覆式创新。

当然，截至目前元宇宙还没有完全体现出其"颠覆"的属性。根源于主流新兴技术、扎根于互联网的元宇宙，即使最终到来，也不会全盘推翻现有的互联网商业模式。人类需求依然遵从着马斯洛需求层次理论，元宇宙作为平行于物理现实世界的虚拟空间，首要做的是将现实空间映射到虚拟世界，这就必然包括现实世界的商业模式，同时虚拟化身背后的用户也依然会依循现实世界的基本原则。

当然，随着元宇宙的发展，新的场景、新生代用户之间必然会激发出更多的化学反应，进而对原有的商业模式、规则产生巨大冲击，但依然不意味着全盘否定。同理，任何技术、产品和商业模式的创新，均需要对用户进行长时间的教育与引导。元宇宙的早期用户，基本上都是在互联网规则下成长起来的，其行为习惯必定会有所延续。随着元宇宙渗透率的提升，新场景、新规则对用户的教育会逐步展开，呈现螺旋上升的趋势特点。

由此可见，对众多互联网企业而言，元宇宙的巨大潜力带给它们的是机遇，更是挑战。越是体系完备的成熟企业，在新一轮的"颠覆式创新"面前，越是需要观察相对落后的企业的做法进而加以效仿。从这个视角上看，元宇宙绝非互联网巨头的天下，至少不会完全延续原有的格局。尽管会对旧格局有所保留，用户的延续性也会在一定时期内保留住传统互联网巨头的部分优势，但就如同诺基亚功能机的"死忠粉"越来越多地转向智能手机一样，元宇宙所带来的颠覆式创新必将会改变现有的互联网格局。

创业企业很可能在风云变幻的大背景下飞速成长为新的巨头。所以，抛开技术进步的内驱因素，Meta、微软、腾讯、字节跳动等一众互联网巨头争先布局元宇宙，恰是拥抱变化力求站上风口、应对挑战保持自身竞争优势的明智选择。

4.2.2 数字化和元宇宙的发展路径趋同

数字技术是把各种信息代码化，以便对其进行存储、传输、加工和利用。

从这个定义上讲，数字技术也是互联网的存在基础，包括互联网在内的数字技术与各个行业、领域、层面的融合，构成了数字经济。

按照清华大学经济管理学院教授、苏世民书院首席教授高旭东老师的说法，数字经济就是数字技术在各种经济活动当中的全面应用和渗透。但相比电信、互联网等新兴行业，在国民经济体系中相对占比更高的传统产业，其数字化水平仍相对较低。传统产业的数字化是产业升级的必经之路，也由此吸引了腾讯、阿里等众多互联网巨头参与其中。而放在元宇宙的大范畴内，元宇宙的最终实现同样需要传统产业的数字化支撑。

从行业上看，装备制造、建筑、医疗等行业，其数字化水平整体较低。一方面，这些行业都是需要"硬技术"作为根基的，比如快速建设摩天大厦的特型钢材，没有长期技术研发投入是无法实现突破的，数字化和互联网技术虽然能够提供帮助，却无法替代核心技术对行业发展起到的关键作用；另一方面，传统行业企业在数字化方面，即从基础、投入资金到人力资源等诸多方面，均无法和互联网企业匹敌。因此数字化对于传统行业企业虽然极具吸引力，但推进起来仍困难重重。更为重要的是，传统行业的应用场景极度复杂，不同行业、同一行业的不同企业、同一企业的不同工序，均需要采取不同的数字化方案才能解决。正是因为这样的多样性和复杂性，让很多互联网企业望而却步。

从企业整体运营层面，企业日常的生产制造到物流营销以及人、财物各方面的管理，都具有和数字化结合的契机。只不过相对而言，存在一个从表层到底层、从简单到复杂、从标准化到具象化场景渗透的过程。也就是说在很多层面，如仓储物流、管理创新等方面，数字化已经积累了大量的成功实践，而在日常生产制造和技术攻关方面，数字化的赋能需要一个过程。但数字技术的逐级渗透是大势所趋，事实上很多非常传统的实体行业（如机械工业、化工、建筑等）在数字化浪潮中都发生了实质性的变化。以湘潭钢铁为例，其信息化系统每隔5s就能收集一遍设备信息，大幅提高了生产效率并改善了工人的工作条件。

而在微观办公场景下，数字化的应用在包括传统行业在内的几乎所有行业中的范围和深度都在逐年提升。当前，钉钉、企业微信、腾讯会议等办公软件已经无法满足企业协同办公的需要,不仅国外的 Meta、微软推出了协同办公环境和工具,国内部分企业也开始应用 VR 等技术手段,通过还原现实中的办公环境等方式为用户提供沉浸式的线上办公体验。部分传统产业企业,如云楼 SOHO 也开始尝试这样的数字化新手段来提高产出效率,如图 4-1 所示。

扫描查看彩图

图 4-1　云楼 SOHO 办公场景

从图 4-1 不难看出,整个办公场景被合理地分为不同区域,如办公室、前台大厅、会议室等,用户在其中可以随意转换视角,观察线上同事的状态和行为,还可以自由与其交流工作,十分接近线下物理世界的办公环境。并且在这个虚拟办公环境中可以联动多块屏幕举行视频会议,共享信息或调集工作有关数据会更加便捷,真正实现了源于真实,高于真实。

在传统行业的数字化进程中,无论是否有互联网企业介入,这一过程所依赖的技术实现路径是人所共知的,如数字孪生、虚拟现实、数字化仿真模拟、虚实结合、机器人技术、人工智能等。这些技术手段,正在推动越来越多的传统行业企业走上数字经济的快车道。而上述这些技术,无一例外都是元宇宙不可或缺的奠基石。

虚拟空间也必然是数字化的,元宇宙也不会仅有高科技行业互联网公司,没有传统行业的积累和传统企业的加入,元宇宙是不完整的,也不可能持续。高科技行业也好,传统行业也罢,贯穿其中的人最终会走向数字化。在智能手机、XR 设备、5G 云的算力加持下，数字经济时代用户的需求、人际关系、工作和生活的场景都会走向数字化，并最终实现大部分人类的数字化。

而数字人类新的生存栖息地，是元宇宙。

4.3 剑指全真互联网，互联网行业迎来大洗牌

2020 年底，马化腾在腾讯年度特刊《三观》中提出了"全真互联网"的概念，号召全体腾讯人把握关键机会应对各种挑战。这一概念被很多业内人士解读为腾讯入局元宇宙的宣言。全真互联网和元宇宙能够画等号吗？如果不能，二者之间的区别和联系又是什么？全真互联网也好，元宇宙也罢，对于我国互联网行业意味着什么？

4.3.1 全真互联网 VS 元宇宙：不同的出发点，同一个归处

马化腾在文中指出"一个令人兴奋的机会正在到来，移动互联网十年发展，即将迎来下一波升级，我们称之为全真互联网。"他还表示："这是一个从量变到质变的过程，它意味着线上线下的一体化，实体和电子方式的融合。虚拟世界和真实世界的大门已经打开，无论是从虚到实，还是由实入虚，都在致力于帮助用户实现更真实的体验……随着 VR 等新技术、新的硬件和软件在各种不同场景的推动，我相信又一场大洗牌即将开始。就像移动互联网转型一样，上不了船的人将逐渐落伍。"

全真互联网，百度百科给出的英文翻译是 Complete Reality of Internet，从字面含义上理解，全真互联网需要"既全又真"。全即全面，指的是未来的互联网将会实现全场景覆盖，以腾讯为首的互联网企业在 C 端将致力于面向消费者提供更多场景、更细分的服务；而在 B 端将面向企业、产业提供更多的服务，并致力于服务的连接。在不断的发展中，消费互联网和产业互联网也将逐渐走向融合；真即真实，指的是全真互联网能够建立更真实的连接、提供更真实的体验。其中，日益成熟的 VR 等技术，使用户得以在更多应用场景获得比传统 2D 屏幕条件下更立体、更符合直觉本能的体验。

文章最后也指出，腾讯本质上是要做连接器，不仅把人连接起来，也要

把服务与设备连接起来。未来将继续深化人与人的连接、服务与服务的连接，让连接创造价值。所以，腾讯的全真互联网首先是一个连接一切的概念。

这种连接包括消费互联网下对人的连接，对需求的连接，对移动和非移动的连接；包括产业互联网下对服务的连接，对工作流程、商业逻辑、行业生态的连接；包括物联网下对设备的连接；包括数字经济下虚与实的连接；甚至包括 5G 云和 AI 条件下的主动连接和智能连接……腾讯提出全真互联网是基于其业务构成的，目标是把线下几乎所有产业和应用场景以数据化的方式建立智慧的、立体化的连接，最终得到线上线下一体化、实体与电子方式（数字化、虚拟化）的融合。

所以，从技术构成、路径和范式、场景等方方面面，全真互联网和元宇宙都可以称得上异曲同工，都是基于互联网的连接，通过数字化实现线下信息向线上的迁移。并借助 XR 等新兴技术，实现连接方式的突破和用户体验的升级。

腾讯从单一企业战略出发，期望连接自己丰富的线上生态与线下的用户和产业，通过将那些未联网或未充分联网的实体产业、行业、企业、用户成功连接入网，延续其连接的价值。这一点和元宇宙并无本质的差异，因为元宇宙本质上是一个构建于产业高度发展基础上的虚拟环境，这个基础环境必须是和现实高度耦合的形态。而且在二者的实现过程中，都伴随着用户作为人（现实人和虚拟人）在连接上中心地位的日益强化。

传统互联网时代对于人不断增长和升级的需求的连接，伴随着移动互联网时代需求的多元化和总量爆炸，逐步从单向接受演化成双向传播。无数开放平台的存在为用户传播创造了条件，也让 UGC 成为用户彰显个性的最强有力的工具。这些在元宇宙的实现和运行过程中是必不可少的用户心路历程，也是元宇宙最终带给用户升级体验的心理基础。从上述角度上看，全真互联网的实现极大地促进了元宇宙的到来，并为其从经济、产业基础、用户积累与用户教育等多个关键层面扫清了道路。

所以，尽管从单点的特殊性分析去比对其与一般性规律的相似点有些违反逻辑，但对比的结果依然能够较为充分地显示出二者的共同性。且从发展的视角考虑，全真互联网不会是一成不变的，在构建了"线上线下的一体化,实体和电子方式的融合后",虚拟世界与真实世界实现融合性连接似乎已成为必然。而这已经完全进入了元宇宙的范畴,同时也符合腾讯"让连接创造价值"的愿景。由此可见,二者殊途同归。

4.3.2 布局全真互联网,连接虚与实

北京大学国家发展研究院 BiMBA 商学院院长陈春花教授在《价值共生》中写道:"数字化正将现实世界重构为数字世界,这种重构不是单纯的复制,更包含数字世界对现实世界的再创造,这意味着数字世界通过数字技术与现实世界相连接、深度互动与学习融为一体,共生并创造出全新的价值。"

由此推演,腾讯的全真互联网通过连接创造价值,无论是实现过程中还是实现后,势必都会带来新的改变。一方面,全真互联网在连接一切的前提下,必然会将互联网、移动互联网连接的线下规则迁移至线上,而虚拟世界对现实世界的再造也包括对规则的更新。这与元宇宙下开创新规则的驱动力不谋而合;另一方面,全真互联网的商业模型是在现有的增长曲线基础上构建起来的,而元宇宙将虚拟世界与现实世界连接在一起,必然会创造出更多的机会与增长点。从市场经济驱动力视角看,全真互联网似乎没有理由不向元宇宙跃迁。

从发展的眼光看,全真互联网和元宇宙不存在根本性分歧。结合分析,甚至可以断言二者仅是发展阶段的不同,全真互联网是元宇宙发展过程中的一个阶段。虽然二者都基于互联网连接一切,都包含 XR 技术带来的体验升级等,但元宇宙更进一步,更加强调"连接一切"后虚与实的融合与创新,包括规则、商业体量、价值观乃至世界观,都表现出跳出既定边界,探索未知但无限可能性的高度。

从企业视角(特别是国内互联网企业的角度)看,全真互联网毕竟是首个被明确提出的演进方向,从其产生到发挥作用,均对有志于在元宇宙领域有所作为的企业具备借鉴意义。

作为国内互联网行业的领军者之一,腾讯提出的全真互联网符合腾讯的基因和资源积累,能够为全员传递出十分清晰的战略发展图景。

腾讯在全真互联网上可谓真抓实干。其在基础建设(布局全场景 IDC 能

力、建设大数据中心）、工具引擎与平台（投资 Epic Games 和 Roblox）以及内容场景（搭建各类型内容产品与自身成熟的社交网络互通共生的生态系统）等关键方向上均不遗余力地布局。但所有的投入均围绕着自身原有核心业务展开，这就在很大程度上确保了持续高效的产出。

在此过程中，腾讯并没有投入过多精力去探讨全真互联网与元宇宙的必然联系，以此来收获关注；与之相反，全真互联网是一个更容易实现的概念，其替代现阶段可能尚待界定的概念，也成功地规避了后者可能因为意识形态而给企业带来的不必要麻烦。

另一方面，在元宇宙崭新的机遇与挑战面前，即使已经功成名就的互联网巨头，很多都在以创业的心态自我鞭策，从团队能力、心理、价值观等多个角度自省、反思、向善，创业企业没有理由不看齐。

第 5 章

市场爆发：元宇宙带来发展新方向

有人说元宇宙太火了，更多人感觉还不够。判断一个新方向有多火，直接标准是看它在一级市场和二级市场的交易频率和数额，以及潜在发展空间和增速。元宇宙不是仅属于一线巨头企业的盛宴，还是可以吸引更多玩家的战场，更是容纳众多创业企业追逐梦想的花园。在这个更加开放的新世界里，核心竞争力依然是各企业征战新市场的不二法宝。

5.1 元宇宙市场中的机会

现实物理世界的数字化，本身就是巨大的市场，进而将其线上虚拟化，并实现虚实联动，仅此形式和载体的变更必然会带来巨大的市场增量。而这仅仅是元宇宙的开篇。成熟的元宇宙，不仅会复刻现实世界中的商业模式，还将孕育更多。这不仅是科技和互联网领域的盛事，更关乎全人类的福祉。正因如此，元宇宙从一开始就吸引了大量资金注入，也吸引着越来越多的有识之士，探索元宇宙下的商业模式。

5.1.1 新投资机会：元宇宙领域投融资爆发

Roblox 2021 年 3 月的高溢价上市，带火了资本圈的元宇宙投资。投资机构、科技企业乃至普通散户股民，都用自己的资金追逐着时下最大的热点趋势。一时间，大家似乎已经忽略了元宇宙是什么，何时到来，而是把全部精力都投入到了对哪些企业会脱颖而出、估值多少、股价几何的分析探讨。

先来看下某 A 股上市公司过去一年的股价走势（见图 5-1），很明显，该公司原本单股股价一直维持在 7~8 元，但从 2021 年 9 月起，其股价呈现出强有力的增长势头，最高点时接近 40 元每股，增长了将近 4 倍。而增长很大程度上归功于该企业官宣的一部新游戏。该游戏名为《酿酒大师》，是一款以经营酒厂为主题的"虚实结合"游戏，玩家通过 VR 设备进入，以沉浸式视角规划并实际参与酿酒工坊的日常运营（见图 5-2）。最可贵的是，玩家在游戏中虚拟的劳动可以映射到现实生活中，其劳动成果产出的是真实的白酒。为了打消玩家对白酒质量的担忧，企业和知名白酒品牌合作，还提供专业的鉴定服务。更进一步，玩家可以在现实世界中通过出售白酒获取收益，真正实现了线上与线下、虚拟与现实的联结。

图 5-1　某企业过去一年股价走势

图 5-2　《酿酒大师》

扫描查看彩图

上述案例并非个案，在过去一年里，因为元宇宙概念而导致股价大幅上涨的企业比比皆是。这些企业通常被分作三类，第一类是如上所述探索元宇宙玩法的游戏企业，如世纪华通、天下秀等；第二类是 AR/VR 产业链企业，如歌尔股份、中科创达、国光电器等；第三类是从事元宇宙相关技术或产品研发的公司，如易尚展示、数码视讯、顺网科技等。

需要特别指出的是，上述企业在过去周期内的股市表现，也许部分受到元宇宙概念的影响，但根本上还是源于企业本身良好的运营状态。二级市场上，资本关注元宇宙相关企业对于行业发展是利好，但随着元宇宙的深入渗透，相信最终都会回归理性。届时，从企业运营和盈利情况这一本质出发的投资，会给元宇宙带来更为健康的关注，也唯有如此，才能形成持续、良性的二级市场投资环境。

元宇宙这个"热得快"在一级市场上，带来了和二级市场等量齐观的加热效果。相比 2020 年，2021 年在元宇宙多个细分领域中，投资并购行为都异常活跃。相比国外元宇宙投资更多侧重平台和内容开发领域，国内 2021 年在元宇宙上的投融资行为则更多投向了 VR/AR 领域。相比国内 2020 年 VR/AR 领域的股权投融资金额仅为 28.26 亿元（数据来源：IT 桔子），2021 年仅字节跳动对 VR 硬件厂商 Pico 的收购一项，金额就高达 90 亿元。

诚然，对投资机构而言，根植于我国巨大市场，力争手握部分元宇宙硬件入口市场份额的逻辑足够清晰，但元宇宙的发展光看硬件是远远不够的。一方面，加大对 VR/AR 产业链上游企业的投入更有利于我国企业在全球 VR/AR 产业中提升话语权，比如专注于 AR 衍射光波导等先进显示方案的至格科技；另一方面，多元化投资组合更有利于国内元宇宙行业的平衡发展，比如致力于开发新一代 XR 操作系统平台研发的虹宇科技等。

2021 年仅是个开始，相信随着元宇宙渗透速度的加快，机构和个人对其的认知也会日益成熟和全面，进而指导其做出更加理性的判断。投资市场的理性和健康，会给元宇宙创造可持续发展的大好机遇。身处这个赛道上的选手，自然才能安心从事所专注的事业，做大整个元宇宙蛋糕的同时，创新出更多的模式与机会。

5.1.2 新商业机会：现实商业模式的复刻与创新

类似于《酿酒大师》联通线上线下的玩法，早在 2003 年上线的全球首款元宇宙游戏《第二人生》中就有所探索：用户在游戏中的线上商家购物，支付完成后商品就会被邮寄到用户线下的家中。这可以说是最为基础朴素的元宇宙商业模型了。当然，《第二人生》中商业模式的探索还不止这些，电信服务、报刊电影、产品宣传，甚至虚拟房地产买卖，都开创了元宇宙商业模式的历史先河。

为了科学分析元宇宙的商业模式，可以人为地将其划定为"前元宇宙阶段"和"后元宇宙阶段"。前者属于元宇宙的初级阶段，此时元宇宙刚刚兴起，各方面硬软件条件尚未具备。因此，"元前"阶段的商业模式，更多地体现在基础设施、硬件入口和软件平台的搭建。

基础设施层面范围很广泛，包括新一代移动通信网络的搭建，IDC 机房、云计算、边缘计算相关的基础设施建设，机器人、物联网、数据中心以及芯片传感器等产业链底层技术产品的研发等。即在元宇宙技术架构中，所有与"基础设施层"有关的技术和产品，以及其他层级所需的共性底层基础设施，都属于这一范围。

硬件入口比较容易理解，只要能够给用户接入元宇宙提供通路并提供高度沉浸感体验的设备都在此列。各种 XR 头显设备自然是首选，能够带来类似沉浸体验的环屏设施、3D 屏幕、新型智能手机等，未来将共同组成元宇宙的入口序列。

软件平台则相对较难理解，一方面，用户进入元宇宙需要有一个环境空间，即平台。电商、娱乐、办公等应用最多可以算作一个场景，而场景外部所处的环境，需要一个更大概念的软件平台。另一方面，在"元前"（前元宇宙阶段）阶段，游戏、社交等大型应用本身就在尝试构建以自身产品为中心的平台（如 Meta、Roblox、Epic Games），但随着元宇宙的落地，这些平台会趋向于融合，共同构成软件平台继续向前"进化"的基础版本。

探讨"前元宇宙阶段"的商业模式有两重意义，其一是对政府、运营商、科技和互联网巨头企业在元宇宙初期的投入进行界定。这一时期的投入通常金额巨大且需要很长的投资周期，也正因如此，上述企业依托自身资源和技术优势得以在元宇宙初级阶段进行"布局"，并获得了较好的先动优势。从发展的视角看，优势是动态变化的，更何况在如此崭新的赛道上，变化速率和幅度更是超越以往。其二，这一阶段的商业模式基本上都延续了原有线下、互联网的商业模式，从规则视角看，并不完全是元宇宙下的商业模式，至少不是"元后"（后元宇宙阶段）主流的商业模式。

进入"元后"阶段，即使元宇宙充分展开后的商业形态是什么样子在多数人看来还是个模糊的影子。但有两点是清晰的，一是"元后"的商业形态一定丰富多彩，电商、游戏、娱乐、社交、办公、日常生活、房地产、制造、交通运输、广告营销等，各类场景和各种行业都会在元宇宙中落地生根；二是一定会在现有的、现实世界中不同行业、各式场景的商业模式基础上，演化出更多新的模式和规则。

之所以如此肯定是有依据的。回顾《第二人生》游戏中商业元素的发展，在 21 世纪初的数百万用户群体中，已经形成了创作者生态、虚拟经济体系、虚实联动等很多具有划时代意义的创新模式和规则。所以，新的行业从业者更加坚信，站得更高的元宇宙，必将走得更远；并且从"元前"阶段就开始探索适合元宇宙的商业模式，力求在这些商业机会开花结果时获得更高回报。事实上，很多商业模式尽管在目前看来尚显稚嫩，但已经开始展现其强大的生命力。

内容创作是在元宇宙中的各个发展阶段都无须证明的商业模式。2021 年，在国内的 A 股市场上，多数试水元宇宙的游戏企业，其股价均出现了不同程度的上涨，客观上佐证了市场和用户对内容经济的认可。

同时，以 Z 世代为主体的未来元宇宙用户群体，对以游戏的形式社交、娱乐、消费、开展工作、接受教育等，接受度逐年提高。因此，在 PGC 这个层面，优秀的内容创作企业的价值在元宇宙大背景下得以进一步被肯定甚至放大。

科技巨头也纷纷加速了优秀内容创作资源的聚合，例如，2022 年 1 月，微软宣布以 687 亿美元现金收购了动视暴雪，后者可谓业内首屈一指的老牌电子游戏公司，曾相继推出过《星际争霸》《魔兽世界》《使命召唤》等多个叫好的游戏系列。收购成功后，微软游戏一跃成为继腾讯和索尼之后，全球收入排名第三的游戏公司。

与 PGC 层面头部资源逐步集中不同，UGC 层面的内容创作有望保持百家争鸣的局面。以 Roblox 为例，平台上接近 2000 万个游戏作品绝大部分由个人或小微团队开发完成，而且开发者以年轻人为主。

在元宇宙早期，预计内容创作的商业模式会在很大程度上延续传统的模式，包括用户下载付费、内购、广告投放、道具等内容衍生，内容开发者通过平台分成获取收益。伴随着元宇宙发展的深入，传统的商业模式会被进一步深化，甚至重塑；而且必定会孕育出崭新的商业机会。相比现有的网络游戏，元宇宙可以称为未来最大规模的"大型多人在线游戏"（MMO）。前所未有的用户规模，势必带来内容购买数量和频率的攀升和平台、广告主、内容创作者的多赢。

并且，传统商业模式中诸如广告等，在元宇宙中也会诞生出更加多元化的创意玩法。比如 2021 年 5 月，奢侈品品牌 Gucci 就曾创造性地尝试了广告营销的新模式，在 Roblox 游戏平台上举办了一场虚拟展览，吸引了众多游戏玩家"入场参观"。过程中，玩家可以化身为虚拟模特，代入感十足地欣赏 Gucci 展品的同时，还可以使用虚拟货币 Robux 直接购买，如图 5-3 所示。

扫描查看彩图

图 5-3　Gucci 与 Roblox 合作虚拟展览

行业应用和工具软件是内容创作的一种相对特殊的形态。电商、社交、娱乐、办公等围绕元宇宙各种场景的应用目前已有不少企业开始摸索，未来相信会有更多。与游戏等内容一样，元宇宙下行业应用（包括工具软件）早期和中期会在很大程度上延续原有的商业模式。并同样会在用户数激增的情况下，得以深化、重塑和创新。

元宇宙电商的虚实结合和游戏化、个性化社交类似于元宇宙音乐会之类的娱乐新体验、虚拟化办公及由此带来的工作新模式等，都是已经被部分验证的新商业模式。未来，必将会有更多可能。

虚拟经济是最近几年与区块链同时兴起的新概念，并随着元宇宙的到来焕发出了新的"活力"，一时间这一赛道挤满了各种投资者和投机者。但无论是否与元宇宙强相关，虚拟经济的核心并未完全脱离传统商业乃至互联网时代的商业逻辑。

底层交易架构与现实世界一样，是经济和金融体系的基础，同时其工具属性也十分明显，提供去中心化机制、智能合约等，因其对整个现实和虚拟世界经济体系中的影响，决定了必然受到强监管。工具本身只有先进性的区分，任何从事相关技术研发的机构最终的归宿一定是会被纳入统一的体系。

工具当中，最近两年备受关注的NFT本质上是一种确权工具，对于明确艺术品等不可分割的数字资产的权属有其独特价值。掌握包括NFT等在内的工具，并不能确保人和机构的营利性。甚至可以这么认为，这些工具必定会成为公共服务的必备要素，就如同现在所有银行都有电子银行系统，没有客户会为此额外支付成本。

因此，基于底层交易、工具的商业模式基本存在于机构之间，且因为与虚拟经济的紧密联系，其商业模式的范围更受限制；这点与现实世界中关乎国家经济命脉、金融稳定等的相关技术、工具往往是在有限的范围内特许经营有同样的道理。

一般等价物则是完全不同的概念，发行货币因和收益直接相关，自然成为各类投机的重灾区。这方面需要投资者擦亮眼睛，进行严格的区分。在当前元宇宙的探索中，一种类型是具有完整的业务模式，虚拟货币作为一般等价物，和业务强关联且有成熟的经济实体做担保，并有相应的法律条款保障用户的基本权益。比如 Roblox 作为纽交所上市企业，围绕其游戏平台和创作者生态推出的虚拟货币 Robux，其产品的合法合规水准相比非上市企业要高很多。并且该虚拟货币的发行量和币值与 Roblox 的运营情况紧密相关，在其平台上具备良好的流通性。与之对立的另外一种类型缺乏完整的业务闭环，且无论是业务、发行机构等都与现实世界没有直接关联，有较强的"为了发币而发币"嫌疑。

发币机构虽有野心在虚拟世界或元宇宙中成为独霸一方的"央行"，但缺乏实体经济的直接支撑，又无法与其他可靠的"本位货币"建立稳定的兑换计价机制，致使除少量虚拟货币外，大部分虚拟货币的长期持有价值不高。而单纯围绕虚拟货币搭建而成的商业模式，自然也站不住脚。

在此提醒投资者，虚拟货币本质同样属于一般等价物，其发行和流通也必然遵循现实世界的金融体系运行规则，即使是被广泛追捧的明星虚拟币，也因缺乏实体支撑，未"盯住本位储蓄货币"，其价值和价格的不确定性和稳定性都存在极大的隐患。因此，有志于从事这方面商业模式研究和投资的用户，建议先熟悉经济学和金融学相关知识，避免盲目投资造成损失。

2021 年 3 月，数字艺术作品《每一天：前 5000 天》在佳士得拍行以 6935 万美元的价格成交。同年 11 月，某知名歌手在推特上宣布，自己在 Decentraland 平台上花费 12.3 万美元购买了三块虚拟土地。二者的商业模式虽差异很大，但相同之处在于都涉及数字资产的确权、流通和使用。

这与现实世界有形资产的买卖在模式上并没有什么不同。只不过在元宇宙中，艺术作品的确权方式换成了 NFT，虚拟土地的产权证换成了唯一的坐标，通过在线的交易完成了所有权的转换。数字资产和有形资产一样，在特定的场景针对特定的购买者呈现出特定的使用价值和价值。比如该歌手坐落在 Decentraland 的家是拥有唯一坐标（29，-5）的白色建筑，已经被装饰成了初级马里奥主题的画廊供粉丝观赏。

但需要指出的是，在虚拟空间里购买的土地需要承担交易货币的币值与房屋本身价值的双重涨跌。比如短短的 4 个月，Decentraland 平台的虚拟货币 MANA 的币值就下降了 40%。

在元宇宙成熟之前，很难评价各类商业机会、模式成立与否、孰优孰劣，毕竟不能从短期的得失就片面做出评价。但在"元前",各种商业模式都是探索性的,其行为本身是值得鼓励的。至于商业模式能否持续,则需要用发展的眼光和时间来检验。总体的建议是,在"元前"阶段,针对各类商业模式的探讨和投资,十足的谨慎是万分必要的。

此外,电影《失控玩家》中蕴含的巨大商机和丰富的商业模式,让众多投资者对元宇宙又一次充满了遐想。但商业的本质万变不离其宗,持续有效的商业模式需要等到后元宇宙阶段才可以盖棺定论,而在元宇宙成形之前,对于看不清楚的商业模式,不妨先观望。

5.2 更多玩家加码,市场风起云涌

元宇宙领域蕴含着广阔的商业空间,或将开启互联网领域的新蓝海。不仅是传统意思上的新老科技巨头,细分赛道上的领军企业也纷纷投入资源,加码进行元宇宙方面的投资、研发,生态搭建等,其中具有一定代表性的企业有华为、英伟达、百度等。这些企业基于自身基因和积累,也力争在元宇宙新浪潮下或抢占先机,或捍卫自身地位。

5.2.1 华为内外布局,搭建元宇宙生态

2019 年 9 月,华为在 Mate30 系列手机发布会上正式推出了第三代华为 VR 眼镜(见图 5-4),虽然仍需配合旗下高端手机使用,但较之 2016 年推出的第一代 VR 手机盒子和 2017 年推出的第二代的 VR 一体机,其设备性能和体验均有了大幅的提升。更难能可贵的是,华为在 2020 年 5 月推出了自研的

图 5-4 华为 VR 产品

首款 XR 芯片，这款支持 8K 分辨率解码，集成 GPU、NPU 的芯片打破了高通在 XR 专业芯片上的垄断地位。而在内容应用端，华为更是连续举行了 VR 开发应用大赛，有力推动了自身 VR 内容生态网络的建立。

但更多人提到华为想到的是 5G 和手机。在元宇宙的技术架构中，作为重要的网络通信基础设施，5G 技术不仅影响终端，还贯穿网络端和芯片端。华为是全球范围内少数几家能够做到三端融合、主导行业标准的企业，这为企业赢得了强大的话语权。以 5G、芯片和 VR 硬件等为切入点，华为推行的"1+8+N"战略致力于将自身在基础设施、底层架构、AI 和云、物联网、操作系统等多方面的能力统一成"端+管+云"三层架构，通过自研、扶持开发者和外部合作形成了可持续的生态系统。

随着元宇宙的深入，华为层层深入的战略布局也日渐清晰起来。正如任正非在接受《金融时报》采访时透露，华为会在做好主营业务的前提下"先试着乱打一枪，让子弹飞一会儿，如果有反应再打一炮"。如果说 VR 硬件和芯片是华为乱枪打出的"子弹"的话，那么在收获市场积极反馈或看好元宇宙长期发展的华为，击发的炮火是什么？

华为称之为"全息互联网"，内部命名为"河图"。河图的英文 Cyberverse 由计算机网络与宇宙两个单词组合而成，旨在依托华为丰富的终端（包括 VR、AR）和 3D 地图数据，通过云、空间计算算法和 AI，为华为用户打造虚实融合的超视觉体验。这个 2018 年成立的项目虽然对外披露的信息很少，项目定义也与元宇宙有所区别，但其目标却和元宇宙十分接近：构建一个与地球现实世界紧密融合、动态演化的虚拟世界。

事实上，业界认为华为积累的炮火还有更多。比如在 2019 年 3 月的 6G 峰会上，华为就率先提出未来发射一万多颗小型低轨道通信卫星，搭建覆盖全球的 6G 网络。并于当年 10 月和次年 6 月，分别启动了与国家航天局、银河航天的战略合作，目标直指"全球全域的宽带互联网"6G 时代。中美贸易战打响后，深受高端芯片供货困扰的华为，其包括手机和 VR 在内的终端生产受到了很大影响，但业内普遍对华为抱有信心，认为华为一定可以通过自主研发走出一条国产化的道路。而且伴随着 5G 的深入渗透和 6G 的前瞻性投入，华为在元宇宙中整体布局虽然存在部分短板，但仍是赛道上不可或缺的黑马。

5.2.2 英伟达发布 Omniverse 平台，开启虚拟协作新时代

2021年4月，英伟达（NVIDIA）召开了一场线上发布会。按照惯例，公司创始人兼 CEO 黄仁勋出面介绍了公司的发展情况与最新产品。三个月后，在计算机图形学顶级会议 Siggraph 2021 上，英伟达公布了一个记录短片，证实此前的线上发布会中黄仁勋本人、其衣着和背后古色古香的厨房布景都是计算机动画合成出来的。一时间舆论大哗，媒体纷纷发文声称4月份的英伟达发布会是一场开在元宇宙里的发布会，并盛赞英伟达的技术已经可以让虚拟化身以假乱真。

压力之下，英伟达在次日不得不紧急站出来澄清：全场发布会都是黄仁勋本人召开的，中间只有短短的14秒钟使用了虚拟化身（见图5-5）。尽管这波"乌龙"一波三折，但足见英伟达的技术成熟度以及业界对英伟达进军元宇宙的期待。

扫描查看彩图

图 5-5　英伟达官方视频截图

英伟达创立于1993年，是公认全球领先的图形处理芯片企业。该公司于1999年重新定义了 GPU（图形处理器）和现代计算机图形技术。其研制推出的五大产品系列，被广泛应用于 PC、笔记本计算机、工作站、平板计算机和各类便携式媒体播放设备中。

2020年7月初，英伟达成功超越英特尔，成为美国市值最高的芯片厂商。

2021 年，英伟达在 GTC 2021 宣布公司将正式进军 CPU 领域，将公司战略升级为"三芯"组合战略，即通过 GPU+CPU+DPU（数据处理器）组合来强化自身竞争优势。也是在这次会议上，英伟达展示了以黄仁勋为模板制作的虚拟卡通形象 Toy Jensen（见图 5-6）。在 AI 的加持下，Toy Jensen 流利地回答了人们提出的关于气候、生物蛋白质等方面的高难度问题，且动作和语言实时生成，交流的真实感很强。

扫描查看彩图

图 5-6　虚拟卡通形象 Toy Jensen

　　Toy Jensen 是通过英伟达的实时图形和仿真模拟平台 Omniverse（全宇宙）来实现的，该平台最早于 2019 年提出，并于 2020 年推出公测版，其功能定位是优化工程与设计行业的工作流，以实现高效分工与协同。Omniverse 将目标用户群瞄准了模型和程序工程师，从而跳出了游戏行业的局限，而以受数字孪生深度影响的行业（如建筑、工程、装备制造、超级计算等）作为重点服务对象。其平台理念是尊重现实世界的物理规律与既定逻辑，通过将现实世界等比例映射到虚拟空间，创造并服务这个崭新的更为庞大的新经济实体。

　　例如，在制造领域，英伟达率先与宝马、沃尔沃等厂商达成了合作，帮助其研发团队得以抛开二维图纸，转而在三维环境中展开汽车的设计、运算和优化调整等工作。通过在共享的虚拟空间中连接各种设计工具、资源和项目，不仅流程的可视化程度大幅提升，还可以将定版方案直接搬到现实场景中，降低了中间转换可能带来的成本损耗，整体产出效率迈上了一个新台阶。

现今科技领域的几驾主力马车（如超级计算机、云计算、人工智能、数据分析等）都已离不开高性能图形处理技术和硬件产品。而根据 Statista 的统计结果，英伟达在全球独立显卡市场上拥有超过 70% 的市场份额，如此高的市场占有率赋予了英伟达在元宇宙硬件底层领域当仁不让的话语权。而随着 Omniverse 平台的推出，英伟达在元宇宙赛道上更富竞争力。也许在不久的将来，用户就开始转而争辩新的问题：这次在英伟达线上发布会上演讲的黄仁勋，究竟哪一个片段是真实的本人。

5.2.3　百度进军元宇宙，发布元宇宙产品《希壤》

《山海经·内经》中记载："洪水滔天，鲧窃帝之息壤以堙洪水，不待帝命，帝令祝融杀鲧于羽郊。鲧腹生禹，帝乃命禹率布土以定九州。"在这里，息壤被描绘成为一种神奇的土壤，可以无限自动生长。借用此意，百度在 2021 年底的 Create 大会（AI 开发者大会）上，将全新发布的元宇宙平台产品命名为《希壤》。

本质上，《希壤》被设计为一个平行于物理世界的沉浸式虚拟空间（见图 5-7）。整体空间可以呈现为未来城市、宇宙星空、莫比乌斯环、山水画等十大场景，场景中央是 Creator City 的地标建筑希壤会议中心。整个城市参考了唐代和明清两代都城的布局规则，并在其中尽可能做到科技与历史的交融，比如《希壤》中复刻了少林寺、三星堆、赵州桥和西湖等名胜古迹，同时，

扫描查看彩图

图 5-7　《希壤》中的虚拟城市 Creator City

还和《三体》等系列 IP 达成了合作。百度给《希壤》的定位是，希望其成为亿万用户未来生活、工作、娱乐的地方。

用户戴上 VR 头盔进入《希壤》后，首先需要创建自己的虚拟角色，通过容貌、外形、穿戴等的设计，创造一个代表自己的虚拟化身。图 5-7 就是目前阶段《希壤》的蓝图，尽管目力所及的很多地方还没有开发完成，但百度宣称随着开发者的增多，更多的场景开发测试完成后会对用户开放。在这些建筑物中，无数映射了现实世界的场景在被虚拟化后，被搬到了《希壤》当中。例如，在举办百度开发者大会楼层的入口右侧一块巨型屏幕正在直播央视新闻，带给用户很奇妙的虚实结合体验感。

在百度内部，《希壤》的版本号仍为负数，预示着这一元宇宙探索平台距离成熟运行还有很长的路要走。尽管用户体验尚不尽如人意，《希壤》的推出依然从很大程度上展现了百度进军元宇宙的决心，以及百度在基础算力、AI、VR 硬件与内容创作等方面的实力。

其中，在过去的三年里，百度倾力打造的"云智一体"将自身的云计算、飞桨深度学习平台、昆仑芯片等算法和算力方面的积累推向了市场。在过去五年中，百度旗下的内容平台爱奇艺共推出三款 VR 头显设备，特别是 2022 年初推出的 Dream 全体感 VR 一体机，首发更是将价格定为 1999 元。而在过去的十年时间里，百度在 AI 技术领域广泛布局，并于 2016 年发布百度大脑，对外开放 AI 核心技术，赋能智能搜索、自动驾驶、物联网、知识图谱、机器学习等多个前沿领域。

2022 年 3 月，新锐汽车品牌领克与百度共同打造的"领克乐园"正式向公众开放，为用户提供沉浸式看车、线上选购等全新体验，并与线下试驾、提车等无缝结合。作为第一家入驻《希壤》的汽车品牌，领克计划后续在《希壤》中陆续推出线上车展、新车发布、虚拟试驾、虚拟人代言、数字收藏等更多体验。

在众多国内互联网公司中，百度进军元宇宙并非最早的，但其旗帜却是目前为止最为鲜明的一家。从中反映了百度多年来在 AI、算力、平台等领域的积累，同时也折射出其在传统业务逐步失去领先优势的情况下的主动求变。从这个意义上讲，百度的元宇宙产品虽然还不够成熟，但却是承载了百度业务创新发展的"希望之壤"。

5.2.4 HTC聚焦VR技术，研发VR设备+构建元宇宙生态链

HTC（宏达国际电子股份有限公司）成立于1997年，早期主要从事手机的代工生产，曾一度占据全球Windows手机市场近80%的份额。2008年推出全球第一款安卓智能手机，尼尔森数据显示，2011年HTC以21%的市场份额高居全球智能手机厂商第二位，仅次于苹果的29%。之后HTC手机业务不断下滑，继2017年移动设备部门半数员工转至谷歌后，2021年底HTC手机业务正式告别中国市场。

与手机业务形成鲜明对比的是HTC的VR业务发展迅速。继2015年与游戏公司Valve联合推出PC-VR设备HTC VIVE以来，基本维持了每年一款新品的速度。到目前为止，共形成了Vive、Focus、Cosmos、Pro和Flow五个产品系列，完成了消费级、企业级和专业级领域的全面覆盖。在硬件基础上，2016年其旗下的VR应用商店VIVEPORT正式上线，到目前为止已成功上线近千款VR游戏和应用内容（见图5-8）。此外，多年来HTC十分注重开发者生态的建立，其加速器计划到目前已经成功举办了六届，并成立了Vive X基金来支持VR/AR领域的创业项目。

扫描查看彩图

图5-8　HTC的内容平台VIVEPORT已聚集了近千款VR内容

HTC 在 2022 年 2 月举办的世界移动通信大会（MWC 2022）上更进一步推出了自己的元宇宙平台产品 Viverse。用户不仅可以借助 HTC 全品类的 VR 硬件设备经由统一的入口 Vive Connect 进入 Viverse，还可以通过智能手机、平板计算机、PC 等载体上的 Vive Browser 浏览器接入，并且可以通过会议协同软件 VIVE Sync 和沉浸式协作沟通软件 Engage 实现不同场景间的快速切换。

在 Viverse 里，用户不仅可以通过 Vive Avatar 创建可跨平台使用的 3D 虚拟化身，还支持加密钱包和虚拟货币。在这些基础框架下，HTC 与数百家开发商合作为用户提供包括办公会议（Engage/VIVE Sync）、日常社交（VRChat）、欣赏音乐会（Beatday）、与家人一起逛博物馆（Museum of Other Realitie）等新奇实用的体验。

不得不承认的是，HTC 近年来的 VR 硬件出货量和市场占有率均出现大幅下滑。Ocolus 在国际市场上，Pico 在国内市场上，均给 HTC 造成了很大的压力。在硬件用户数量无法与竞争对手抗衡的情况下，发力内容和上层平台也属于较为明智的战略选择。

在 Viverse 宣传片中，HTC 董事长王雪红女士表示：Vive 是品牌名称，代表着生活，而 Viverse 则预示着生活的新篇章。通过科技与人文的结合能够极大释放人类的想象力，而通过把想象变为现实，能够让用户更好地工作、娱乐和学习，创造一个身临其境、充满奇妙的全新世界。希望 HTC 也可以借着 Viverse，开创一个新篇章。

5.3　新秀纷纷崛起，融资动作不断

元宇宙这股东风，不仅诱使老牌科技或互联网巨头入局，也使得众多中坚企业借着元宇宙概念获得新的发展。更多的是一些行业新秀、创业公司，虽然没有上述企业的布局能力，但也纷纷在各自细分赛道中赢得了资本和用户的关注。如 AR、MR 硬件和方案技术型企业 Nreal、耐德佳和 Rokid，在过去一年中均收获了巨额融资。本节将跳出头部企业的范畴，通过分析一些中小型企业案例来探索企业在元宇宙中的成败之道。

5.3.1 微美全息的元宇宙之路

2020年4月，微美全息头顶"全息AR第一股"的标签成功登陆纳斯达克。该公司以全息AR广告和AR娱乐作为主营业务，公司在上市前三年业务高速增长，招股说明书显示企业毛利率高达71%。即便如此，微美全息依然没有获得资本市场的青睐。上市首日开盘即破发，当日跌幅最高达14.55%，虽然最终收报与发行价齐平，之后两月的估价走势依然不甚明朗。

在上市初期，微美全息对外宣称的主营业务为AR广告服务和AR娱乐，前者主要通过视觉识别，在线上和线下的场景中植入广告后呈现给终端用户，比如在视频里风景如画的山间马路上用AR技术叠加一辆新上市的汽车；后者则更多集中于通过全息投影等技术，在线下根据客户需求营造出主题视觉场景，比如把一间仓库瞬间打造成海洋主题的音乐茶座等。这两项主营业务，构成了微美全息云产业综合平台的主要部分，但根据上市当年的财务报告显示2020年这两项主营业务的增速却大幅下降，年度毛利率也下降到了行业平均水平。

困则思变，此后微美全息宣布公司将进军元宇宙，2021年更是成立了"全息元宇宙事业部"，计划依托其在全息图像处理方面的技术积累、超过4600个高品质全息AR内容以及在2020年底通过旗下全资子公司收购的新加坡物联网企业飞达电子（Feda Electronics Company），尝试以AR为基底围绕内容和平台进军元宇宙。为了丰富自身的元宇宙版图，微美全息还宣布推出全息XR头戴式显示设备"WiMi Hologram SoftLight"。但从公布的功能参数看，这更像是一款头戴式观影设备，与市面上主流VR、AR头显相比，在运算能力、交互等方面存在一定区别。

即便如此，搭上元宇宙快车的微美全息，在资本市场的收获可谓盆满钵满。在宣布进军元宇宙领域当日，微美全息股价上涨3.08%，并实现了连续几个交易日的持续上涨。2021年单股股价最高峰曾达到12.94美元，是公司IPO发行价的2.35倍。除资本市场外，微美全息上市后更是累计融资达1.7亿美元，其中仅2021年3月的单笔融资就高达8380万美元，领投方包括盛世景投资、新加坡大华创投等。

高光过后，微美全息在一二级市场上的动作逐渐趋于"平淡"。这也不难理解，元宇宙虽然概念火热，但对任何有意于参与其中并期望争夺话语权的企业来讲，都需要在技术、资金等多个方面进行高额的投入。比如微美全息在上市前三年的研发费用平均仅占收入的 3.47%，但 2020 年不得不加大研发投入至 8500 万元，虽然同比大幅增长 362.8% 让投资者看到了企业加大研发投入的勇气，但企业的经营现金流却因此蒙受巨大的压力。

总之，资本市场也许会在短期给予企业很大的"鼓励"，但其发展规划在现实经济社会中也必然需要奔现见光。为避免企业陷入更大的困境，企业家们需要先"盘盘库"，做好技术、资金、团队、业务等方方面面的准备，还有心理上的准备，毕竟元宇宙"并不是很容易的事"。

5.3.2　环球墨非创新模式，助力元宇宙数字资产交易

登录环球墨非（Global Mofy）的官网，"万物可虚拟，虚拟造万物"几个大字率先映入眼帘。这家成立于 2017 年的企业，将虚拟技术研发、虚拟数字营销、资产运营，特别是虚拟人的开发运营作为主营业务，在短短的几年内发展迅速。业务方面，不仅成功签下了文体明星加入其"数字明星联盟"；在技术方面，环球墨非积极研发三维重建技术、AI 视觉底层虚拟引擎和数字内容可编辑中台，还和阿里巴巴达摩院合作，融合其语音合成技术来完善自身的 AI 智能交互，让虚拟人看起来、听起来都更加真实。

环球墨非的核心团队在数字视觉领域可谓经验丰富，相继参与过《环太平洋》《变形金刚4》《大闹天宫》等国内外多部优质电影的视效制作。在行业经验和专业技术的加持下，环球墨非积极围绕着文娱和虚拟内容领域进行探索，其创新和布局的目标是搭建中国最大的数字 IP 库，进而在虚拟数字化世界中占据一席之地。

2021 年 8 月，环球墨非获得由渠丰国际、36 氪基金、海石资本等投资的数千万元资金。公司对外宣称，会将资金主要用于全球化数字资产版权相关产品和技术的研发。随着元宇宙的兴起，环球墨非申明公司下一步业务重点将放在数字资产整合与产业链应用方面，通过打造数字资产交易平台"数字云库"来整合数字资源，推动数字娱乐产业上游的数字版权资产再次流通并

发掘其潜在价值，同时帮助下游创作者降本增效，为其提供源源不断的内容。

相比许多动辄高调宣布"布局""卡位"元宇宙的企业，环球墨非到目前为止的动作可谓低调。公司恪守自身在数字资产交易和服务方面的技术积累，在数字娱乐这一细分专业精耕创新，由此赢得了资本市场的青睐。进而在资本的助力下，随着对元宇宙行业认知的深入，形成了自己的拳头产品：数字资产交易平台。既在前元宇宙时期完善了自身的商业闭环，又有望成为未来细分赛道上不可或缺的力量。环球墨非最近几年的发展蜕变，可以成为元宇宙探索者们参考的进阶范式。

5.3.3 底层技术、硬件产品、行业应用，虚拟世界在元宇宙中步步为营

曾经接触过虚拟世界这家企业的同行，无一例外地会被"为了可触碰，但无限可能的未来""技术的使命，就是突破想象力的极限"等话语所触动。这些豪言壮语并非"象征性"地体现在企业宣传里，而是贯穿于这家技术驱动型企业的各项产品与方案中，也深刻地印在每一位员工的心底。虚拟世界图标如图 5-9 所示。

图 5-9　虚拟世界

虚拟世界脱胎于 IDEALSEE（成都理想境界科技有限公司），两家企业的创始人宋海涛博士自 2000 年开始投身 AR/VR 领域研究，是业内公认的资深专家。他不仅发表过多篇重要论文，还作为核心主研参与过谷歌眼镜的早期预研工作。

2017 年现象级企业 Magic Leap 发布首款产品时，宋博士更是仅凭官方披露图片就将其技术方案"拆解"得淋漓尽致，其对照自研的光纤扫描光场技术手绘完成的光学方案说明一时间在行业内广为流传。正是拥有了过硬的技

术基因，虚拟世界聚集了国内外一流的技术专家和人才，短短几年内在 VR、AR、系统交互、定位追踪、先进显示等诸多方面形成了数百项专利，在这一细分领域的积累直逼谷歌。

在产品方面，2015 年 7 月虚拟世界率先量产并发布了全球第一款 VR 一体机 K1，在美国召开的发布会更是吸引了谷歌、Oculus 一众技术高管和负责人。此后虚拟世界以每年一代的速度更新产品，旗下 K2 和 K2+ 产品不仅在 CES、DIA 以及业内众多专业评选中获奖无数，更是重新定义了视场角（FOV）、时延、HMD 可穿戴设计和配重方式等多个行业标准。

虚拟世界的 VR 产品被广大用户和行业内专家誉为"最舒适的 VR 一体机"，更因品质出色获得出口日本免检的认可，2018 年初被日本最大的 IT 专业媒体 IMPRESS 列为市场评价最高的 VR 一体机。凭借过硬的技术和出色的品质，虚拟世界相继赢得了与阿尔卡特、JVC 等世界著名企业的 ODM/OEM 合作。

在硬件产品持续迭代的同时，虚拟世界还不断尝试将 VR 技术与行业相结合，包括与 GE 医疗探索手术培训、推出 VR 健身自行车、与北京电影节合作推出 VR 影院方案等，在多个领域创造了世界首次和行业标准。此外还通过团队并购等方式，在"VR+教育"领域服务了 300 余所学校，在教学理念与模式、硬件构成、课程内容、管理系统、交互等多个方面，为这个行业的可持续发展提供了强大助力。

2016 年 6 月，虚拟世界在日本东京举行 VR 一体机和全景 VR 相机发布会，邀请漫威影业（Marvel Studios）创始人阿维·阿拉德到场站台，让在场和中国、北美等多地参加了这场全球首次跨境 VR 直播发布会的科幻迷兴奋不已。虚拟世界的管理和技术层，无一例外都是三体、阿西莫夫机器人、漫威电影宇宙 MCU 的思考者和践行者。数年前元宇宙还没有成型，但虚拟世界的技术、管理团队却始终坚持着从以下三个视角，探索自己的终极宇宙。

1. 坚持技术创新

科学技术作为第一生产力在 AI 时代的作用足以快速贯穿经济生产力和社会变革推动。在 VR 技术领域，虚拟世界坚持自研、自产，芯片选型、PCB、结构设计与开模、光学模组、驱动程序、操作系统、畸变解决、定位和 HCI 交互等部分都有自己的原生创新。这种坚持被 VR 行业从业者誉为"一股清流",赢得了普遍的尊重。

2. 以人为本

21 世纪的科技行业是资本与智力结合与博弈最为集中的前沿阵地。单体个人作为用户群体的一部分,其共性需求被众多互联网公司、科技企业反复提炼和满足,但个性化需求日益被泯灭。即使随着 AI 算法的渗透,依然无法从根本上解决消费升级下个性化诉求与供给侧有限性的矛盾。

所以说,以人为本是一个违反商业逻辑的伪命题,但虚拟世界的工程师们却更愿意以一己之力聚少成多地去服务用户作为个性化的人本身的需求。在 PC-VR 方兴未艾的时候集全公司之力推出移动化 VR 一体机,降低购买成本让更多的用户有机会接触到虚拟世界,更可以随时随地登录使用。其独创的斐波那契螺旋配重方案,让用户真正实现了长时间佩戴 VR 一体机,而不用去担心肩颈及面部被挤压、受损的风险。而在元宇宙中,用户随时随地登录和长时间在线,成为入口设备提升体验的重点。

3. 重视场景应用

虽然元宇宙已经被很多人所熟知,但依然有众多行业从业者认知不深,甚至疑虑重重,究其原因是关键场景的缺乏。即只有当元宇宙与 B 端行业、C 端日常生活场景紧密结合,才能让公众认可到:元宇宙真的来了。工业革命以来的技术革新,概莫能外。

虚拟世界并不以 VR 技术的布道者自居,但却在 VR 技术与众多行业、场景结合方面身先士卒。K12 教育、职业教育、体育直播、影视、娱乐、医疗等诸多领域都留下了虚拟世界的身影,并最终在"VR+教育"领域形成了自己的比较优势。并在市场渗透率更高的日韩等海外市场,大范围落地了"VR+建筑""VR+安全培训"等方面的场景方案。

B 端众多场景的落地,让 VR 在一定程度上摆脱了"仅限游戏"的认知局限,开始进入 C 端场景,被广大用户看到和接受。这一逻辑恰与 Shaan Puri

的元宇宙"时间奇点论"不谋而合。重视场景应用、解决行业和用户日常中的问题或将体验大幅度提升，是任何技术、产品、趋势（包括 VR 和元宇宙）最终走进千家万户的必经之路。

VR 元年之后的五年，行业跌宕起伏。虽然在硬件、行业方案、供应链、产业生态等方面均取得了长足的进步，但实际使用场景仍旧受限于产品形态，且短期内较难实现质的突破。在这样的大背景下，一方面虚拟世界坚持探索 VR/AR、AI 技术与 K12 教育、职业教育的融合，另一方面宋博士团队始终坚守着进行先进显示底层技术的研发，志在从根本上改变 VR/AR 产品的使用场景。

随着技术和商业模式里程碑一个个达成，团队得以以自信的心态笑看元宇宙的风云变幻：主体构成技术的成熟、用户认知的深入以及场景的分层显现等。在新的一轮螺旋上升的循环里，这个团队走出了一条靠自主研发硬实力决定企业发展命运的元宇宙之路。

Chapter Six
第 6 章

核心赛道：游戏和社交是元宇宙的关键场景

成熟的元宇宙需要为用户提供虚拟身份、沉浸式体验，需要具有可持续性和闭环经济系统，满足用户的创作需求并向用户提供激励。从元宇宙的这些属性入手，游戏和社交可谓是当前阶段理解和探索元宇宙的最佳场景。通过为用户提供虚拟身份和虚拟活动空间，在沉浸式体验下辅以独立的经济系统和 UGC 体系，有机会将当前游戏和社交体验升级为元宇宙的"初级形态"。也因此，作为互联网时代最具投产比的两大赛道，游戏和社交也自然成为元宇宙初期大厂战略上"抓大放小"的必然选择。

6.1 游戏+元宇宙：游戏是元宇宙扩展的基础

提起元宇宙，很多人会首先想到游戏。第一个把元宇宙写进招股书的 Roblox 就是一家沙盒游戏公司。在国内，腾讯、网易等游戏大厂也是元宇宙赛道中的主力选手。从内在属性上，游戏本身与元宇宙的逻辑关系也十分紧密，其发展也为元宇宙的形成奠定了基础。随着元宇宙的火热，很多厂商推出的游戏产品已经开始有了类似元宇宙的初体验。

6.1.1 从游戏到元宇宙有迹可循

企查查数据显示，2021 年和元宇宙相关的申请注册商标超过 1 万个，几乎涵盖了各行各业。而其中，游戏领域的元宇宙商标申请最为集中，比如腾讯注册了"腾讯元宇宙""王者元宇宙"等商标，网易注册了"网易元宇宙""伏羲元宇宙"等商标，中青宝注册了"元宇宙游戏""中青宝元宇宙"等商标等,从一个侧面佐证了众多游戏公司对元宇宙业务的前瞻性。

为什么元宇宙概念受到如此多游戏公司的青睐？其本质上,是因为游戏和元宇宙在很多方面都十分相似,同时也展示了通往元宇宙的一种可行路径:借助提供虚拟身份、虚拟空间、经济系统等许多现存游戏中的既定属性,探索元宇宙的雏形及走向成熟的路径。

在电子游戏几十年的发展历程中,佳作云集。其中具备独特主题类、大型多人在线等类型的游戏,其玩家数量和受欢迎程度也更多,游戏本身的生命周期也更有保障。近年来,随着游戏基础设施的进一步演进,游戏产品本身也在发生着进化,呈现出如下的特征。

1)提供虚拟身份：游戏能够赋予玩家一个虚拟身份,以便玩家在虚拟世界里找到自己的位置。同时,定制化、形象化的虚拟身份能够让玩家产生更多代入感。

2)强社交性：玩家在游戏中的长久社交活动能够围绕自己,形成个性化的社交网络。同时,玩家可以在游戏中和其他玩家交流、协作游戏、共同参加活动等,无形中极大地增加了游戏的可玩性和在线时长。

3)自由创作：一些大型游戏(尤其是沙盒游戏)基本都支持 UGC 创作,用户可以在其中自由释放自己的创造力。同时,在用户与平台共创的过程中,游戏内搭建的虚拟世界边界得以拓展,可玩内容也不断被丰富。这点与元宇宙的拓展性和可延续性十分贴合。

4)沉浸式体验：游戏作为强交互性、强沉浸感的内容展示方式,是元宇宙当前公认的内容形式载体。游戏中的虚拟身份、虚拟场景和玩家在游戏过程中建立起来的社交关系等会带给玩家综合的沉浸感。从技术角度看,随着 VR 技术和产品的成熟,虚拟的游戏世界可以为玩家提供更真实的沉浸式体验。

5)经济系统：许多游戏都搭建了较为完善的经济系统,玩家可以通过活动获得回报,创造的虚拟资产也可以在游戏中流通。部分甚至可以实现与现实经济系统的联结。

由此可见,大型多人在线游戏(MMOG)更具有形成元宇宙的基础,而其中的开放世界游戏和沙盒游戏,从不同角度探索和初步验证了基于游戏打造元宇宙的方法。

1. 开放世界游戏

顾名思义，开放世界游戏是能够为玩家提供高沉浸感和自由度的探索体验式游戏类型。以经典游戏《GTA5》为例，其打造了一个细节丰富、高度自由的虚拟城市"洛圣都"，玩家可以在其中自由探索，挖掘各种场景和玩法，比如驾驶汽车展开一场街头竞速，如图6-1所示。

扫描查看彩图

图6-1 "洛圣都"中的场景

通过对现实世界场景的真实模拟和高自由度的探索，《GTA5》为玩家提供了强大的沉浸感基础。据其出品公司Take-Two发布的年报数据显示，截至2021年12月，《GTA5》的全球累计销量已突破1.6亿份，得到了广大玩家的认可。

开放世界游戏在对现实世界的拟真和玩家自由度方面的优势十分显著，但在过程中，也会暴露出地图边界、内容供给数量和质量等方面的不足。未来，随着游戏引擎技术的持续升级，开放世界游戏有望展现出更趋真实的渲染效果、更便捷易用的UGC工具，从而赋予创作者和玩家更多的空间。通过在广度上不断拓展游戏边界，在深度上不断深化游戏玩法，进而实现真正意义上有价值、有吸引力的开放世界，逐步迈向元宇宙。

2. 沙盒游戏

沙盒游戏则融入了创意玩法，为玩家提供自由创造的工具和空间。以沙盒游戏《我的世界》为例，玩家可以在随机生成的虚拟世界中自由探索，通过采集矿石、战斗等方式收集各种资源和工具。同时，借助这些资源和工具，玩家可以自由创造各种建筑物或艺术品，也可以和其他玩家合作进行共同创造。《我的世界》以其自由的创作空间吸引了大量玩家，并聚集了海量优质创意资源。

凭借其可创造性，沙盒游戏能够形成强大的 UGC 生态，保有甚至拓展其产品的生命力。而基于 UGC 良性循环的沙盒游戏可以不断拓展边界，形成一个不断扩张的生态系统。沙盒游戏满足了元宇宙的可延展性，这一点非常关键。未来，随着经济系统的完善和更多场景需求的满足，沙盒游戏也有机会向元宇宙无限靠近。

总之，和游戏企业在元宇宙早期做了很多有益的探索。当然这个过程也离不开芯片、网络基础设施、云计算、人工智能、图形化引擎等多领域的进步。作为最接近未来元宇宙展现形式的游戏，特别是符合上述特性的探索，在众多从业者和用户头脑中埋下了关于元宇宙的第一批种子。

6.1.2 去中心化游戏更接近元宇宙

以发展的眼光来看，游戏为元宇宙提供了萌芽的土壤，同时，相比传统的游戏模式，去中心化的游戏更接近元宇宙的理想形态。

元宇宙的运行基础之一是其中存在完善的身份系统和价值系统。身份系统指的是在互联网中，人们能够以一个账号进行各种活动，如在进行网上社交时可以申请社交账号，在网上购物时可以申请购物账号等。不同场景应用中的账号虽然千差万别，但都可以唯一对应于现实世界中某个用户的身份。而在元宇宙社会学中，身份系统同样是基础中的基础。

但需要认清的是，元宇宙中的身份系统与当前人们在互联网中的身份系统大不相同。在虚拟空间中，用户的身份也是完全虚拟的，这个虚拟的数字身份不是因为社交、购物等需求才创建的，而是基于元宇宙的体验创建的。

也就是说，这个虚拟身份是每个人在虚拟世界中唯一的身份证明，更由于其需要与经济系统打通、与现实世界经济系统的联结，而变得尤其重要。同时，元宇宙中的数字身份还必须作为一个相对独立的个体长期存在，用户也可以基于这个数字身份在虚拟世界中生存，持续性地生活、工作与创造，包括建立新的社交关系以及进行娱乐、购物、创造等各种活动。

价值系统指的是元宇宙的经济系统和运行规则。在完善的价值系统下，用户可以在元宇宙中通过创作获得收益，可以和其他人进行公平的交易，包括在其中消费不同的商品。所有的这些资产、交易和行为本身，都需要得到足够的保护。

现今很多游戏中也有身份系统和价值系统，但和元宇宙中的身份系统、价值系统有很大区别，关键区别在于这些游戏中的身份系统和价值系统是中心化的和高度集约化的。

以身份系统为例，玩家可以在游戏中选择多种角色，也可以通过捏脸、换装等打造角色特色，但游戏中的整个身份系统是预先设定好的，玩家的自由度十分有限。并且，玩家的一切账号数据、行为数据等都掌握在运营商手中，理论上来说，运营商可以删除玩家的账号信息。

在这种模式下，玩家的游戏身份、通过游戏获得的资产是否能够存续，全由运营商主观决定。游戏中有什么样的道具、不同的道具售价多少等都是由开发商定的，玩家只能在这个价值体系中被动地接受。同时，玩家在游戏中的虚拟资产也无法得到保障，一旦游戏被关闭，玩家的虚拟资产也不复存在。推演至现实社会或元宇宙层面，经济系统的垄断性带来的不确定性对社会本体的健康延续是致命的挑战。

而元宇宙是去中心化的，不仅体现在游戏玩法和用户数据层面，还体现在经济和虚拟社会底层。首先此类游戏没有任何提前写好的剧情、没有限定的可供选择的角色、没有必须要完成的任务，也没有探索的终点。从早期的开荒拓土，到之后的创造和各种玩法，都由用户自己自由发挥。其次，在身份系统和价值系统方面，元宇宙也避免了中心化平台的控制，从而有效地避免了垄断的可能性。纯"市场化"的底层运行机制，保障的是用户个人身份、资产的安全性和对元宇宙的信心。

这也是 Roblox 大受欢迎的重要原因。区别于中心化的传统游戏，Roblox 采用了去中心化的运行模式，这十分接近元宇宙倡导的虚拟社会形态。以其中的价值体系为例，基于流通的虚拟货币 Robux，玩家可以为自己创造的道具和游戏定价，并通过与其他玩家交易来获得收益，也可以自由消费或将 Robux 兑换成现实中的货币。在这种价值体系下，玩家的自主权和信心都得到了极大保护，其创作力和生命力得以最大程度释放。

在元宇宙中，身份系统是一种新的、基础性的社会关系，价值系统是一种新的核心生产关系，二者的建立是元宇宙形成的重要标志。而目前去中心化的游戏，其规模、场景以及用户规模虽然相对早期，但至少已经证明了在追逐更为自由开放的元宇宙道路上，去中心化是更为合理的路径选择。

6.1.3　沉浸：元宇宙式的新体验

当前，随着游戏的发展，不仅带给玩家多样的玩法，还实现了现实场景和活动的复刻，带给玩家源于真实进而高于真实的刺激体验。形式上的进化，让用户对游戏有了更多的期望，也不断激发并刷新着人们对于元宇宙的想象。

例如，2020 年以来，很多学校都取消了毕业典礼，而对于每一名毕业生来说毕业典礼都是十分值得纪念的时刻。为了弥补毕业生无法亲临现场的遗憾，中国传媒大学将毕业典礼搬上了云端，在游戏《我的世界》中打造了一场别开生面的虚拟毕业典礼。

在毕业典礼开始前，主办方先将中国传媒大学搬到了云端，还原了校园中的真实场景，如教学楼、小礼堂、校园中的街道和树木等都尽可能地真实还原。学生们通过"一键换装"穿上学士服后，可以大摇大摆地在虚拟场景中闲逛、合影等，如图 6-2 所示。

毕业典礼中最有仪式感的就是走红毯环节，学生们在主持人的指挥下依次走上红毯，接受老师的祝贺。其中不少学生激动地在红毯上跳来跳去，主持人也时不时地控场："请同学们不要在红毯上飞来飞去"，整个毕业典礼的氛围十分欢快。

毕业典礼中，学校老师的角色自然不可或缺。当昔日衣冠楚楚的老师们以惟妙惟肖的虚拟形象与同学们见面时，收获的不仅有尊敬，还有对其可爱形象的赞扬。中国传媒大学动画与数字艺术学院的院长在这次别开生面的典礼中发言，给毕业生送上了热情洋溢的祝福。伴随着虚拟毕业典礼的落幕，学生的这段学业生涯也画上了完美的句号。

扫描查看彩图

图 6-2　虚拟毕业典礼中的场景和人物

此次虚拟毕业典礼吸引了很多网友的关注，也在微博上引发了讨论热潮。宏大、拟真的校园场景，自由移动的虚拟人物，线下毕业典礼活动在虚拟世界的成功复刻等都激发了人们对于元宇宙的想象。这个时候，游戏反而被弱化了，但以游戏形式展现的场景，因其与现实的接驳和人物身份、社会关系的带入而带给用户足够的代入感。

在元宇宙成熟后的某天，相信当人们回顾早期的场景时，依然会感慨其画面和体验就如同图 6-2 一样简陋，但蕴含在其中的，是在既定时候对用户沉浸感需求的满足。而这，也是最大的沉浸感表现：心理沉浸。相信在未来，将会出现更多的现实场景被搬到虚拟世界，而除了娱乐作用外，还会发挥更大的社交属性乃至商业价值。

6.1.4　游戏厂商入局，加紧研发元宇宙游戏

随着元宇宙热度攀升，各大游戏厂商对于元宇宙的卡位战已经悄然打响。无论是游戏市场中的老牌玩家还是后起之秀，都纷纷加大了对于符合元宇宙概念的游戏的探索。

以网易为例，经过多年深耕形成了多元化的产品矩阵，自主研发的《逆

水寒》《阴阳师》《第五人格》等游戏都比较成功，同时还代理了《我的世界》《魔兽世界》等国外知名游戏，是国内游戏市场中的"头号玩家"之一。

网易在布局元宇宙方面具有很大优势。一方面，网易积累了丰富的游戏开发资源，在人才、经验上有明显优势；另一方面，网易也在积极联合外部力量，提升自己的竞争力，如和索尼共同研发 VR 游戏，和 3D 虚拟引擎团队不鸣科技达成合作等。此外，网易还对外投资了 VR 设备厂商 AxonVR、虚拟形象技术公司 Genies、打造虚拟演唱会的直播公司 Maestro 等。

可以看出，网易在元宇宙领域的布局涉及技术和内容等多个方面。对于未来的发展规划，网易 CEO 丁磊曾表示："在技术和规则各个层面上，网易已经做好准备了，我们怎么去做规则的设计，怎么去做技术的储备。所以你不用担心当元宇宙世界降临的那一天，我们不会没有准备，可能枪一响，我们跑得比谁都快。"

除了老牌游戏厂商积极备战元宇宙之外，游戏领域的行业新秀也不甘示弱。以开放世界游戏《原神》赚得盆满钵满的米哈游，也将未来发展的目光瞄向了元宇宙。

尽管《原神》获得了极大的成功，但米哈游依然在寻找新的增长点和企业未来的进化方向。在解释其口号"技术宅拯救世界"时，米哈游 CEO 蔡浩宇曾表示，米哈游想做一家科技公司，其核心竞争力就在于用最先进的技术做出符合用户需求的产品。他希望未来米哈游能够打造出《头号玩家》中所描绘的虚拟世界，一个可供"十亿人生活的虚拟世界"。

除了网易、米哈游之外，完美世界也曾表示十分看好元宇宙，并且已经在产品研发中融入了不少元宇宙元素。同时，莉莉丝游戏也对标 Roblox，努力研发 UGC 创作平台。越来越多的游戏厂商入局元宇宙赛道，在它们的不断探索和实践中，元宇宙游戏领域也将会展现出新的发展态势。相信在未来的发展中，将会出现多样化的元宇宙游戏产品为亿万用户提供元宇宙应有的样式。而随着越来越多的游戏通联融合，人们有理由期待会出现一个丰富多彩的虚拟世界。

6.2　社交+元宇宙：社交是元宇宙的重要活动形式

除了游戏之外，社交领域也是科技巨头布局元宇宙的重要赛道。头顶"社交元宇宙"标签的元宇宙社交软件 Soul 获得了多方资本的关注，VR 社交应用在元宇宙的刺激下大获发展，许多游戏也融入了多样的社交元素，元宇宙社交成为社交产品进化的新方向。

6.2.1　技术升级推动社交方式进化

在元宇宙未爆发之前，社交方式在技术的推动下经历了多次迭代。在最初的 2G 技术下，线上社交主要以文字为介质。此后随着网络技术的发展，在 3G 时代，更直观、醒目的图片成为线上社交的主流介质，承载着用户沟通桥梁的角色。

随着 4G 的商用，在大数据、云计算等技术的支持下，社交环境发生了剧烈变化，人们逐渐步入了短视频社交时代。并随着 5G 的普及，短视频这一类型的内容表现形式获得了大众的喜爱，抖音、快手等短视频平台大获发展，逐渐聚集了海量用户。

技术的发展能够推动社交变革，而在元宇宙相关技术发展的当下，社交环境也正在经历一场新的变革。随着 AI、XR、区块链等技术的发展和 5G 的普及，社交环境正在逐步向社交 4.0 时代（即沉浸式虚拟社交时代）发展。

所谓沉浸式虚拟社交，首先用户能够置身于由各种技术搭建起来的社交元宇宙中，可以凭借虚拟化身体验多样的沉浸式社交场景。同时，在个人兴趣图谱的推荐下，用户能够在拟真的虚拟社交场景中找到志同道合的伙伴，建立更具个性化的社交连接。

目前，已经有一些企业在沉浸式社交方面进行了探索。例如，天下秀公司就推出了一款虚拟社交平台《虹宇宙》。《虹宇宙》基于区块链技术形成去中心化的社交场景，能够为用户提供沉浸式的社交体验。在这里，用户可以获得虚拟形象、打造个人身份、获得虚拟房产并进行个性化的装修。同时，在房屋中的音响、电视、展示墙中，用户可以自行加入自己喜爱的视频、音频或图片，展示自己的个性，如图 6-3 所示。

扫描查看彩图

图 6-3 《虹宇宙》中的场景

当前，《虹宇宙》还处于内测阶段，场景和功能都在不断更新。《虹宇宙》官方透露，未来，俱乐部、商业区等现实生活中常见的场景将在《虹宇宙》中实现，为用户提供更多的社交场景。同时用户也可以将自己的房屋作为社交场所，举办虚拟音乐会、展览等。

《虹宇宙》描绘了元宇宙社交的一种初级形态。而在未来，随着更成熟的元宇宙社交产品的出现，将会形成更加拟真的元宇宙社交生态，用户不仅可以将现实中的社交活动复刻到元宇宙中，还可以创造出新的社交形式。

6.2.2 "年轻人的社交元宇宙"Soul 提出社交新玩法

乘着元宇宙的东风，社交软件 Soul 为自己贴上了"年轻人的社交元宇宙"的标签，在吸引了大量年轻用户的同时，也获得了众多资本的认可。2021 年 10 月，在华为开发者大会上，Soul 荣膺"最佳潜力应用"称号。随后 Soul 又在 OPPO 开发者大会上荣获"最佳增长应用奖"。此外，在 vivo 开放平台五周年之际，Soul 获得了"优秀合作奖"。从一个方面证实了用户对于该款社交应用的认可。

受限于 VR、AR 设备的普及程度，当前 Soul 的使用和体验载体仍以 2D 手机屏幕为主。这就在体验上与打破时空限制、沉浸式的虚拟社交产生了距离。即便如此，Soul 在产品设置、策略玩法等很多方面，努力地进行了弥补，并初步形成了元宇宙社交的样式。

Soul 支持用户自定义虚拟形象，展示更有个性的自己。同时，除了展示自己的年龄、性别、所在地区等基本信息外，用户还可以选择适合自己的标签、录制声音名片等，便于更全面地展示自己。设计好个人基本信息后，用户需要填写灵魂测试问卷，明确自身的性格、爱好等，然后就会被分配到最适合自己的"星球"，在那里结识志同道合的朋友。

在与其他用户社交互动的过程中，用户可以通过发布内容展示自己的爱好，获得他人的关注、评论和点赞，可以通过文字、语音、视频等方式和他人交流，还可以参与多人语音互动的群聊派对或玩《狼人杀》游戏。

用户的这些社交活动都是基于 AI 算法匹配的，这也是 Soul 的一大特色。AI 算法会将用户、内容等进行分类和匹配，同时也会根据用户的兴趣爱好和行为习惯修正匹配模型，进行更精准的匹配。在 AI 算法的支持下，用户可以很容易发现同类用户或内容，与其互动并获得共鸣和回应，获得更好的社交体验。

Soul 依靠 AI 算法将不同爱好的用户聚集到一起的社交规则，能够在很大程度上消除用户虚拟社交的孤独感，让用户在 Soul 中找到归属感。同时，基于虚拟形象和个人爱好进行的社交能够使用户摆脱地域、外貌、社会地位等因素的干扰，进行更自由的社交。

同时，Soul 在不断迭代的过程中融入了越来越多的功能。除了"多对多"的群聊派对、《狼人杀》等社交游戏外，Soul 还推出了具有社交电商功能的 Giftmoji，用户可以在线上向朋友赠送虚拟礼物（如潮牌服饰、盲盒等），而现实中的朋友也会收到相应的实体礼物。

Soul 为丰富用户体验，在产品策略方面的很多设计都十分超前。对比用户心目中理想形态的元宇宙社交，虽然 Soul 并不成熟，但其探索的态度和对用户的教育、引导都是十分有益的。未来在元宇宙中，依托虚拟形象和虚拟身份进行的社交，能够在更加开放自由的氛围中、更加身临其境的临场感中，赋能用户突破地域、容貌上的社交障碍，更真实地展现自我，交到自己的 Soulmate。

6.2.3　主打沉浸感，VR 社交提供不一样的体验

当前阶段的各类社交应用显然距离成熟的元宇宙社交还很遥远，但 VR 社交已经能够带给用户一种沉浸式的社交体验。由此，以 VR 社交为切入点布局元宇宙社交也成为一种被认可的尝试路径。于是一些 VR 社交应用站上风口，获得了资本的青睐，同时更多新的 VR 社交应用也得以产生。

2021 年 6 月，VR 社交平台 VRChat 获得了 8000 万美元的 D 轮融资。公司宣布将利用这笔融资扩充团队、优化平台服务和发展社区，为用户提供更优质的元宇宙社交体验。作为一款深受用户喜爱的 VR 社交应用，VRChat 同时在线人数突破了 2.4 万。而 VRChat 如此火爆的关键原因就在于其沉浸式的虚拟社交场景为用户提供了新奇的社交体验。

卡通风格的虚拟形象是 VRChat 的特色之一。用户创造自己的虚拟形象时，完全可以将自己设计成可爱的二次元少女、长着耳朵和尾巴的精灵、酷炫的机甲形象等，如图 6-4 所示。同时，用户可以以此虚拟化身和他人进行互动，甚至可以触碰其他的虚拟化身。

扫描查看彩图

图 6-4　VRChat 中的虚拟形象

基于 VR 设备打造的 VRChat，其社交形态自然可以打破现实中的地域限制。如果用户登录 VRChat，会发现来自世界各地的用户在用汉语、英语、日语甚至手语和其他人交流，还可以相约一起看动漫、玩游戏等。

进一步，借助全身追踪设备，用户可以在虚拟社交场景中自由活动。比

如 VRChat 中不仅有供用户体验的娱乐舞会，还有不同舞种的专业舞蹈派对，甚至现实中很多专业舞者都会相聚于 VRChat 中斗舞。现实中，一些性格腼腆的人可能不敢在大众面前跳舞，但在 VRChat 中，借助虚拟形象，这些人能够很好地摆脱社交恐惧，尽情展示自己。

不局限于沉浸感，VRChat 还具有和元宇宙理念相通的延展性，支持用户自定义虚拟世界。用户可以创建新的虚拟场景并向其他用户开放，从而大大提升了虚拟社交的自主性，也由此产生了很多 UGC 内容，吸引用户不断地探索新的空间。正是基于虚拟身份、社交体验的多样性和沉浸感，VRChat 圈粉无数，并在用户的共创中产生了多样的社交玩法。可以说 VRChat 展现了元宇宙社交的一种初级生态，未来在更多用户的创作下，VRChat 也将得到更好的发展。

除了 VRChat 外，在元宇宙领域动作不断的 Meta 也推出了自己的 VR 社交平台 Horizon Worlds，深化了公司在元宇宙领域的布局。扎克伯格曾表示，"Horizon Worlds 将在构建更广泛的跨越 VR/AR 的元宇宙方面发挥重要作用。"

Horizon Worlds 中，用户在创建好自己的虚拟形象后就可以通过传送门前往各个虚拟场景，和其他用户体验多样的游戏或参加绘画、钢琴演奏等不同主题的聚会，如图 6-5 所示。除了体验不同的场景外，用户也可以借助 Horizon Worlds 提供的多样创作工具来创建自己的世界。

扫描查看彩图

图 6-5　Horizon Worlds 中的场景

依托先进的 VR 技术，Horizon Worlds 能够识别用户的表情和手势，使虚拟化身的表情、动作更加自然，带给用户更高的沉浸感。同时，为了强化社交功能，Horizon Worlds 推出了发现附近好友、申请添加好友等社交功能，便于用户在虚拟世界中交朋友。

搭建元宇宙需要海量内容作为支撑，对于元宇宙社交来说同样如此。为了刺激 Horizon Worlds 中的内容创作，2021 年 10 月，Meta 宣布将推出 1000 万美元的创作者基金，鼓励用户创作内容，同时制订了相应的创作激励计划和资金奖励机制。此外，Meta 表示将在未来举办一系列的创作比赛，丰富 Horizon Worlds 的世界。当前，Horizon Worlds 已经实施了创作者激励计划，帮助用户学习使用该平台的创作工具并进行虚拟世界创作。

VR 社交应用的发展为人们提供了一个获得沉浸式社交体验的入口，也激发了人们对于元宇宙的想象。虽然当前的 VR 社交应用在拟真度、自由度和社交场景等方面还有很大的进步空间，但随着技术的进步，VR 社交平台也会不断扩展，新的功能、新的场景也会逐渐出现。在虚拟社交世界不断扩展、虚实社交关系逐渐交织的未来，理想中完美的元宇宙社交终会实现。

Chapter Seven

第 7 章

数字孪生：元宇宙的世界蓝图

借助数字孪生技术，现实中的物体可以在虚拟世界中建立数字孪生模型，同时借助传感器，现实物体的运行状态和数据变化都可以映射到数字孪生模型中，这对元宇宙的搭建而言具有重要意义。数字孪生能够实现现实世界在元宇宙的复刻，能够构建出丰富的拟真环境，营造出更真实的沉浸式体验。当前，数字孪生在工业领域已经有所应用，未来，数字孪生将推动工业场景向元宇宙的迁移，推动工业元宇宙的实现。

7.1 以虚助实，数字孪生稳步发展

数字孪生能够在虚拟世界中 1∶1 还原现实中的生产制造场景，帮助企业进行模拟操作训练，提高企业运营效率。目前，数字孪生在工业场景中的应用越来越普及，除了能够实现产品设计、产品制造等环节的模拟外，还能够串联生产各环节，实现生产流程的全模拟。数字孪生和元宇宙存在诸多共同之处，其发展也会为元宇宙的搭建提供支持。

7.1.1 数字孪生：以数字技术打造数字空间

什么是数字孪生？美国宇航局曾这样表述数字孪生的概念："数字孪生是指充分利用物理模型、传感器、运行历史等数据，集成多学科、多尺度的仿真过程。它作为虚拟空间中对实体产品的镜像，反映了相对应物理实体产品的全生命周期过程。"简而言之，数字孪生就是创造一个还原现实世界的虚拟场景，支持人们在其中进行各种尝试并得到结果。

当前，数字孪生已经从概念走到了实践。企业可以收集实时产品性能数据，将其应用到虚拟模型中。通过这种模拟，企业能够尽快明确产品的设计流程、测试产品的功能等，提高产品研发和生产的效率。例如，通用电气公司就借助数字孪生技术，让每个机械零部件都有一个数字孪生体，并借助数字化模型实现产品在虚拟环境下的调试、优化等，从而调整产品方案，将更完善的方案应用于现实生产中。这不仅提高了企业的运行效率，也节省了企业的调试、优化成本。

能够实现模拟预测的数字孪生方案最早应用于工业自动化控制领域，之后随着数字孪生技术的发展，其应用逐渐扩展到企业数字化、智慧城市等更多领域。而其作用也得到了拓展，如在虚拟世界中投射物理世界，并对数据进行智能分析，实现相应业务的自动化、智能化管理。数字孪生的应用有以下两点需要注意。

1）数字孪生面对的并不是静止的对象，形成的也并不是单向的过程，其面对的是具有生命周期的对象，形成的是动态的演进过程。因此，数字孪生应用在工业场景或智慧城市中时，其生成的不仅有拟真三维模型，还包括工业场景在运行过程中基于各种变动数据的动态时空演绎或城市的动态规划和建设过程。准确地说，数字孪生并不是形成一个单一的虚拟场景，而是体现了一个数字孪生的时空。

2）数字孪生不仅重视对海量数据的表现，也重视拟真模拟背后的数据分析。数字孪生呈现的是一个动态的过程，这意味着其需要对海量数据进行分析。在此基础上，数字孪生不仅能够根据当前数据搭建起相应的虚拟场景，还能够根据数据的变化，模拟出相应虚拟场景的变化。以数字孪生在智慧城市中的应用为例，数字孪生不仅能够模拟出智慧城市的当前生态，还能借助各种数据，展现出城市可能存在的不同发展路径，展示出城市未来发展的种种可能。

总之，数字孪生能够实现动态数字空间的打造。工业生产、城市管理、智慧医疗等诸多现实场景都可以复刻到这个数字空间中。借助各种数字模型，企业可以进行多方面的推演、预测，进而做出更科学的决策。

7.1.2 数字孪生的核心要素和特点

模型、数据、服务和连接在数字孪生中扮演着重要角色，这四个方面也是数字孪生的核心要素。

1. 模型

数字孪生的一个重要特征就是对于不同的物理对象，都能够在虚拟世界中生成一个拟真的数字孪生模型。数字孪生模型不仅体现为人们能够看到的3D模型，还能够表现出物理对象的物理特性、行为等。

2. 数据

数字孪生数据由五部分组成。

1）来自物理对象的数据，如运行状态、工作条件等。
2）来自虚拟镜像的数据，包括模型参数、模型运行数据等。
3）来自服务应用的数据，包括描述服务的封装、调用等。
4）从海量数据中挖掘或从现有系统中获取的领域知识。
5）以上数据的融合处理数据。

3. 服务

服务分为面向物理对象和面向虚拟镜像两种服务。服务通过实时调节，保证物理对象按预期工作，并通过物理对象和数字孪生模型的关系校准、模型参数校准等保持数字孪生模型的高保真度。面向物理对象的服务包括监测服务、状态预测服务等；面向虚拟镜像的服务包括模型构建服务、测试服务等。

4. 连接

数字孪生中的连接包括物理对象和虚拟镜像之间的连接，也包括不同服务和数字孪生数据之间的连接。数字孪生中服务和数据的增加，会使整个体系之间的联系更加复杂。

在以上核心要素的基础上,数字孪生形成了五个典型的特点。

1)交互性:数字孪生中的物理对象和数字孪生模型能够实现双向映射、动态交互。数字孪生具备以数字孪生模型映射物理对象的能力。

2)可扩展性:数字孪生具备集成、添加、替换数字孪生模型的能力,能够对数字孪生模型的内容进行扩展。

3)实时性:数字孪生能够实现不同连接对象间的实时交互,在此基础上,数字孪生模型能够实时对物理对象进行外观、状态、属性等方面的表征。

4)高保真性:高保真性体现为数字孪生模型和物理对象间具有极高的接近性。数字孪生模型能够实现几何结构、外观、状态等多方面的仿真。同时,在不同的数字孪生场景下,数字孪生体的仿真程度可能会不同,如在一些工业场景中,只需要展现物理对象的物理性质,并不需要表现结构细节。

5)闭环性:数字孪生中的数字孪生模型用于表现物理对象的可视化模型和内在机理,从而对物理对象的状态数据进行监视、分析,优化工艺参数、运行参数等。这种决策功能的实现体现了数字孪生具有闭环性。

7.1.3 数字孪生 VS 元宇宙

数字孪生和元宇宙既有相似之处也存在诸多不同,二者的关系十分密切。

二者的共同点表现为都是借助数字技术再造高仿真的数字对象、场景等,以进行可视化的实时交互和运行。

不同的是,数字孪生以现实世界的物理对象和运行规律为基础,能够精确地将物理对象映射到虚拟空间。其目的是基于对物理对象的模拟、实时客观数据的动态展示、海量数据的智能分析等,模拟不同情境并做出决策,以改进物理对象,使其更好地运行。

而元宇宙可以基于现实世界的框架搭建虚拟世界,也可以创造包含新的理念、运行逻辑、甚至文明的虚拟世界。在这个虚拟世界中,用户拥有唯一、独立的数字身份,可以获得多元化的体验并进行创造。

由此可见,数字孪生聚焦于对业务效率的改进、对现实社会的治理等,目的是更好地服务现实世界。而元宇宙聚焦于构建包含娱乐、社交、办公等多方面沉浸式场景的理想虚拟世界。

相比较而言，数字孪生能够实现对现实世界的物理对象的复制，最终产出复刻现实世界的克隆世界。元宇宙则是对现实世界进行复制和创造，呈现的是天马行空的多元宇宙，它可以映射现实世界，可以基于现实世界展示虚实结合的内容，也可以重新塑造一个幻想世界。

对现实世界的复刻是元宇宙的重要组成内容，在这方面，数字孪生无疑起着十分重要的作用。当前，除了应用于工业领域外，数字孪生也展现了更多可能。美国艺术历史学家安德鲁·塔隆曾创建了一个数字孪生的巴黎圣母院模型，将巴黎圣母院搬进了虚拟世界，如图7-1所示。

扫描查看彩图

图 7-1　虚拟世界中的巴黎圣母院

这种尝试展现了数字孪生和元宇宙的未来前景。借助数字孪生技术，更多的现实场景将搬进虚拟世界中，和充满想象力的其他虚拟场景一起丰富元宇宙的内容。

7.2　聚焦虚拟世界，数字孪生走向元宇宙

作为推动元宇宙形成的加速器，数字孪生得到了许多企业的关注。这些企业或聚焦数字孪生场景的搭建，建立更多虚实结合的场景，或以数字孪生

技术搭建平台，为其他企业和个人赋能。借助数字孪生技术，更多的场景将加速数字化、智能化转型，并向着元宇宙进发。

7.2.1 以数字孪生构建元宇宙场景

以数字孪生为入口，运用数字孪生技术实现虚拟镜像，进而实现元宇宙场景是搭建元宇宙的可行途径。基于此，一些企业开始通过数字孪生技术探索元宇宙。

其中，英伟达就是借助数字孪生将制造业和虚拟化连接起来探索元宇宙的先驱。在谈到元宇宙时，英伟达创始人黄仁勋曾表达过对元宇宙的畅想：实体建筑在现实世界构筑起来之前，可以先在虚拟世界搭建一个和实体建筑相似的数据模型，在其中训练机器人、模拟照明条件、运作模式等。未来，在虚拟化的数字工厂中，经过训练的机器人可以智能进行各种生产操作。同时，人们戴上 VR 设备后，就可以连接到机器人的"眼睛"，以机器人的视角观察工厂运作。

当前，英伟达在数字孪生方面已经进行了一些探索。其推出的 Omniverse 平台能够基于现实场景搭建数字孪生生态，为企业赋能。BMW、Ericsson、Lockheed Martin 等企业都借助 Omniverse 平台实现了数字孪生应用。其中，BMW 通过 Omniverse 平台创建了数字孪生工厂，并在其中进行改变生产线配置、机器人与仓储管理等实验；Ericsson 则借助 Omniverse 平台创建了一座数字孪生城市，以便模拟 5G 基站和环境的相互作用；Lockheed Martin 则是借助 Omniverse 平台搭建数字孪生场景，在其中模拟各种火灾、预测火灾动向，从而得出抑制火灾的方案。

可见，Omniverse 平台可以实现多种数字孪生场景，并科学指导企业决策。在此基础上，英伟达将在未来投入更多的资金，打造一个覆盖更多工业场景的数字孪生平台。

除了英伟达之外，腾讯、微美全息等企业也在积极布局数字孪生领域，同时一些中小型科技公司也因为数字孪生优势获得了投资。未来，以数字孪生为核心的企业将越来越多，数字孪生也将成为企业的标配。

7.2.2 数字孪生加速各行业向元宇宙进化

当前,数字孪生已经被通用电气、西门子等企业和德勤、中国科协智能制造协会等机构所应用,以探索智能生产新模式。同时,除了智能制造场景外,数字孪生还可以广泛应用于园区、交通、文旅等众多场景中。

1)在园区方面,数字孪生有助于打造智慧园区。数字孪生的园区模型能够完整呈现园区内的楼宇、道路分布、园区环境等,同时,借助虚实结合的数字孪生系统,能够实现园区从内到外的多层级管理。在数字孪生系统的帮助下,管理人员能够系统、有规划地进行园区招商、运营等多方面的管理,同时能够提高处理突发事件的效率。

2)在交通方面,数字孪生有助于实现智慧交通。数字孪生平台可以实时展示不同的交通路段和周围的三维场景,对人流、车流、设备运行状态等进行实时监测,同时对交通运行态势、交通供给态势、重点对象治理等数据进行可视化分析,帮助管理人员全面了解交通运行情况。

3)在文旅方面,数字孪生能够推动景区的数字化转型。通过整合景区方面和人流方面的零散数据,数字孪生能够连接景区、游客、景点,用可视化数据模型展现旅游态势,助力科学运营决策,推动景区运营管理的数字化转型。

数字孪生应用为企业的数字化转型带来了巨大的想象空间。无论是生产车间中产品的设计、组装和测试,还是应用于整个城市的复杂项目的规划和设计,都可以借助数字孪生实现模拟预测,以得出更好的解决方案。数字孪生的应用能够推动企业业务流程的自动化,加速企业的数字化转型。

同时,数字孪生在多场景、多行业的应用也会加速不同行业的数字化转型,推动各行业向元宇宙进化。数字孪生在工业领域的应用能够助力实现工业元宇宙,与此类似,数字孪生在其他行业的应用也会推动教育元宇宙、医疗元宇宙等场景的形成。通过数字孪生空间和不同行业数据的结合,数字孪生能够在更多行业应用,构建不同行业的元宇宙雏形。

7.2.3 华为基于河图打造数字孪生世界

在打造数字孪生场景方面，华为无疑是其中的重要玩家。其发布的河图技术平台致力于打造一个不断演进的、与现实融合的数字新世界。其目标是建立面向全息互联网的时空操作系统，搭建数字孪生关键技术支撑平台。经过几年的发展，河图技术平台不断成熟，其将打通虚拟世界和现实世界的连接，提供新的信息呈现和交互方式。

2021年12月，河图App在北京长楹天街和丽泽天街开展了一次新奇的AR活动，通过全息道路指引用户寻车、寻店、打卡全息景观等，给予了用户超现实的娱乐体验，如图7-2所示。

此次活动包含多种新奇的玩法。河图App覆盖了大面积商圈的AR导航服务，用户可在河图中搜索目的地进行导航。与其他3D地图不同，河图App的AR导航会以虚实叠加的路线引导用户前行，路径更加明显。同时，河图App联合商场打造的虚拟标牌还能够强化用户感知，让用户看到不一样的数字型商场。

扫描查看彩图

图 7-2 河图 AR 活动

为了打造一站式消费体验，河图App还接入了会员体系，用户可以直接通过河图 App 进行支付，同时实现会员积分累计。此外，用户还能通过河图 App 领取优惠券或代金券。整体而言，这场新奇的活动既增加了商场的可玩性、提升了用户的消费体验，又有助于商场进行智慧升级，提升商场的竞争力、用户经营能力及客单转化。

河图 App 强大的 AR 功能的背后，体现了河图技术平台的强大实力，主要表现在以下 4 个方面。

1. 厘米级 3D 地图

河图技术平台支持基于全景相机、手机等设备的 3D 地图生产，支持众包地图更新和直梯、扶梯、地下车库等场景的无缝导航，适用于景区、商场等室内外场景。例如，在此次活动中，表面特征不显著的地下车库也实现了精确导航，体现了 3D 地图的优势。

2. 高精度空间计算

为了更好地连接虚拟世界和现实世界，河图技术平台支持全场景厘米级空间计算。这使得虚实两个世界的信息能够顺利连在一起，手机实时定位也更加精准。在虚实相融的环境里，用户更能获得真实的 AR 体验。

3. AI 3D 识别

河图技术平台能够实现毫米级识别精度，同时支持智能 3D 地标识别、商品识别、壁画讲解等。如河图技术平台曾与敦煌莫高窟合作，借助 AR 能够在洞窟外高精度还原洞窟内部场景。同时，壁画中的九色鹿、飞天等经典形象也会出现在现实场景中，用户可以与之合影互动。河图技术平台在保护文物的同时，也能够满足用户的视听和互动体验需求。

4. 超写实的虚实无缝融合绘制

河图技术平台采用光线追踪算法进行虚实场景的融合绘制，从而实现拟真的虚实遮挡效果。同时，借助光线追踪技术，虚拟物体的光影能够和现实世界保持一致，增强了虚拟场景的真实感。

基于以上四项技术，河图技术平台能够实现多种现实与虚拟深度融合场景的落地应用。

本质上来看，从虚实结合场景的打造到多维交互体验的实现，河图技术平台正在打造一个贴近生活的元宇宙世界。在不断的实践中，河图技术平台正在让商业场景、文旅场景等更加数字化、立体化。更有趣的立体导航、更直接的信息获取、更集成的闭环商业服务是其体现出的关键特征。

河图技术平台的覆盖实时性、可连接性、可创造性、经济功能等都体现出了元宇宙的特征，正在逐步向着元宇宙应用进化。在构建元宇宙方面，需要围绕用户需求提升用户体验，而河图技术平台正在构建这样一个虚拟与现实相融的元宇宙世界。

Chapter Eight

第 8 章

虚拟数字人：为人类进入元宇宙提供方案

伴随着元宇宙概念的爆发，虚拟数字人也得到了更多的关注。虚拟数字人是连接现实和元宇宙的重要媒介，是元宇宙中人和人、人和物交互的载体。当前，虚拟数字人正在向着智能化、拟真化的方向发展，未来，它将更普遍地应用于现实世界和元宇宙场景中，加深虚拟和现实的连接。

8.1 技术更迭之下，虚拟数字人智能化发展

在虚拟数字人诞生之初，受限于技术水平和制作成本，虚拟数字人主要表现为虚拟偶像。近年来，随着 AI 和虚拟技术的发展，虚拟数字人的形象与功能得到了升级，出现了更加立体、更加智能的虚拟数字人。

8.1.1 虚拟数字人：人的外貌+人的行为+人的思想

2021 年 9 月，清华大学的一名新生华智冰提前入学，为了学到更多知识，她将进入清华大学计算机系开启学习生涯。与众不同的是，华智冰并不是一名真人学生，而是清华大学推出的原创虚拟学生。

为了使更多人了解华智冰，清华大学推出了一段华智冰的短视频。在视频中，华智冰时而漫步在校园的街道、博物馆，时而在草坪边认真阅读，行为举止酷似真人，如图 8-1 所示。同时，华智冰的智商也非常高。她可以借助 AI "思考"，可以和人们交流互动，甚至可以玩剧本杀。

华智冰的智能性来源于其配备的智能模型"悟道 2.0"，它可以在上万个中央处理器上对海量数据进行人工智能预训练，提供强大的智力支持。在

"悟道2.0"的支持下，华智冰能够像人一样思考。同时，在持续的思维训练下，华智冰会变得越来越智能，可以学习精深的计算机知识，并进行相应的创作。

扫描查看彩图

图 8-1　行走于清华校园的华智冰

华智冰的出现引发了人们对虚拟数字人的热议。传统的二次元形象的初音未来、洛天依是虚拟数字人，超写实的华智冰也是虚拟数字人。那么，应如何定义虚拟数字人？

中国人工智能产业发展联盟发布的《2020年虚拟数字人发展白皮书》报告中提到，虚拟数字人是具有数字化外形的虚拟人物，依赖显示设备存在，具有人的外貌、人的行为以及人的思想，如图8-2所示。

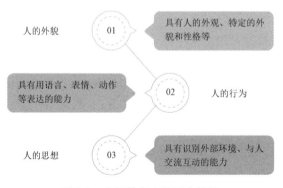

图 8-2　虚拟数字人的三大特征

虚拟数字人是能够满足以上三大特征的数字化表现的"人"。同时，根据交互方式的不同，虚拟数字人可以分为智能驱动型虚拟数字人和真人驱动型虚拟数字人两种。智能驱动型虚拟数字人以深度学习技术为核心，依托 AI 技术实现自然的交互，华智冰就属于这类虚拟数字人。真人驱动型虚拟数字人不具备智能属性，依靠真人驱动，虚拟数字人的动作由佩戴动作捕捉设备的真人生成。例如，B 站上的一些虚拟主播会通过动作捕捉设备进行表演或直播。

虚拟数字人是人们进入元宇宙的通行证。借助虚拟数字人技术，人们能够拥有进入元宇宙的虚拟化身。同时，在元宇宙不断发展的过程中，AI 支持的虚拟数字人也将成为建设元宇宙、丰富元宇宙内容的重要力量。

8.1.2 从 2D 到 3D，虚拟数字人趋近真实

不同于爆发于 2021 年的元宇宙，虚拟数字人已经经历了较长时间的发展，也出现了一些为人所熟知的虚拟偶像。2007 年，超人气虚拟偶像初音未来（见图 8-3）诞生，将虚拟数字人拉入到了更多人的视野中。

扫描查看彩图

图 8-3　虚拟数字人初音未来

这个梳着绿色双马尾、身着水手服的虚拟形象是基于雅马哈的 Vocaloid 语音合成引擎存在的。其将声优的声音录进音源库，创作者只需要输入歌词和旋律，就能够借初音未来的声音形成歌曲。简而言之，初音未来本身并不具备创作能力，其歌曲源自创作者的创作。

初音未来诞生之后，这个外表可爱、声音甜美的少女在短时间收获了大量粉丝，举办的演唱会也受到了粉丝的追捧，从此虚拟偶像风靡一时。在初音未来的影响下，2012 年，同样基于雅马哈语音合成引擎存在的我国本土虚拟偶像洛天依诞生，也受到了众多粉丝的喜爱。

这一时期，虚拟数字人是 2D 的，以卡通形象为主。而后随着技术的发展，在 3D 建模、全息投影等技术的支持下，虚拟数字人有了更为立体的形象。

例如，腾讯曾推出过一个名为 Siren 的虚拟数字人，如图 8-4 所示。借助强大的 3D 渲染技术，Siren 有超写实的外貌。研发团队对 Siren 的皮肤、毛发等细节进行了渲染，使皮肤具有真人般的纹理，头发也更具真实质感。同时，在动作捕捉、实时渲染等技术的支持下，Siren 还能够根据真人演员的表演展现出自然的动作和表情。动作捕捉设备会实时跟踪真人演员的面部特征点，再将其实时反映到虚拟数字人的 3D 脸部模型上，呈现出自然流畅的动作和表情。

扫描查看彩图

图 8-4　虚拟数字人 Siren

无论是在建模、渲染还是驱动方面，Siren 都做得十分出色。配合真人演员的表演，Siren 能够在讲话时展现出相应的口型、面部表情和肢体动作，在表现效果方面十分接近真人。

从 2D 到 3D，虚拟数字人展现出了不同的风格，也彰显了技术的进步。当前，借助全息投影技术，初音未来、洛天依等卡通形象的虚拟数字人已经能够以 3D 卡通形象出现在演唱会和各大活动现场。未来，随着全息投影技术的发展和普及，更多超写实的虚拟数字人将突破屏幕限制，走到人们日常生活的更多场景中。

8.2 多场景应用，虚拟数字人走进现实

随着 AI 技术的发展，虚拟数字人所需的深度学习、内容生成、语音识别等技术越来越成熟，推动了虚拟数字人的快速发展。除了以虚拟偶像的形式落地文娱行业外，虚拟数字人还能够以虚拟员工、虚拟主持人等身份应用于企业管理、新闻主持等多个场景中。

8.2.1 虚拟偶像：新一代"超级明星"

在大众对于元宇宙的未来尚不清晰时，看得见的虚拟偶像成了连接虚拟和现实的桥梁，填补了元宇宙的想象空白。站在元宇宙的风口上，虚拟偶像实现了快速发展。

2021 年 10 月，一个新诞生的虚拟偶像火爆出圈，她就是柳夜熙，如图 8-5 所示。其在抖音上发布的第一条短视频就吸引了巨大流量，创造了 1 天涨粉 135 万、1 周涨粉 430 万的惊人效果。

这条 2min8s 的短视频以精彩的故事吸引了众人的关注。故事一开始，正在化妆的柳夜熙吸引了围观人群的关注，众人议论纷纷中，一个小男孩勇敢地走上前询问柳夜熙是谁，而突然出现的鬼怪将故事推向了高潮，柳夜熙猛然出手，将鬼怪消灭后回答了小男孩的问题："我叫柳夜熙"。短视频用简短的故事交代了柳夜熙身处于一个人妖共存的虚拟世界，同时表明了其"会捉

妖的虚拟美妆达人"的人设。

扫描查看彩图

图 8-5　虚拟偶像柳夜熙

凭借这条短视频，柳夜熙一炮而红，成为新的流量收割机。为什么柳夜熙能够迅速走红？从人物设定上来说，"会捉妖的虚拟美妆达人"这个人设集合了美妆、元宇宙等多个热门元素，拥有巨大的营销优势。从人物表现方面来说，当前市场中虚拟数字人的展示方式以静态图片为主，而柳夜熙借视频进行了更全面的展示：短视频以完整的故事背景和流畅的虚拟数字人交互创造了更强烈的真实感和氛围感。

同时，以发展的眼光来看，柳夜熙差异化的人设使其可以跨越虚拟数字人和美妆两个领域，在两个领域融合的细分赛道上打造竞争优势。为虚拟数字人设定一种盈利模式是十分重要的，而柳夜熙在诞生之时就已经锁定了赛道：以美妆达人征战美妆领域。这意味着柳夜熙在未来有稳定的盈利方向。

经过两个月左右的发展，截至 2021 年 12 月末，柳夜熙在抖音的粉丝数量已经突破 800 万。除了粉丝暴涨外，具有科技元素的中国风妆容也吸引了众多美妆达人的关注和模仿。在抖音上，"挑战柳夜熙仿妆""当美妆遇上元宇宙"等话题中聚集了大量柳夜熙短视频的二创内容，并获得了数亿次的播放，这大大提升了柳夜熙的影响力。

柳夜熙的火爆并不是偶然，站在元宇宙元年的时间节点上，虚拟偶像市场迎来了爆发。除了柳夜熙外，虚拟 KOL（关键意见领袖）AYAYI、花西子的虚拟代言人花西子等诸多虚拟偶像频频亮相，北京商报的统计数据显示，在 2021 年 10 月，半个月内就有 6 名虚拟偶像被推出市场。

在新的时代下，蓬勃发展的虚拟偶像逐渐成为新一代超级明星，在文娱内容创造、品牌代言、商品营销等方面发挥着越来越重要的作用。未来，这些虚拟偶像或许能够和真人偶像一样，成为商业营销的重要 IP。

8.2.2　虚拟员工：全天在线的工作小能手

随着虚拟数字人的发展，其在当前已经作为虚拟员工应用于企业管理的多个场景。这些虚拟员工不仅具备丰富的专业知识，还能够和人们进行实时交互，根据不同的问题提供个性化的回答。

例如，以 AI 技术为核心的科技公司魔珐科技曾与光大银行联手，推出了虚拟员工阳光小智，如图 8-6 所示。

扫描查看彩图

图 8-6　虚拟员工阳光小智

阳光小智是一个 3D 形象的智能客服，不仅具有专业的业务能力，还能够提供人性化的服务。她会亲切询问客户的业务需求，并通过流畅的语言和自然的动作与客户进行自然的互动,同时可以全天候为客户提供专业化的服务,为客户答疑解惑。

除了光大银行外,浦发银行、南京银行等都推出了自己的 AI 虚拟员工,虚拟员工在企业中的应用渐成趋势。虚拟员工在许多场景中都可以为企业提供帮助。例如,在大型商场中,虚拟员工可以提供结账、天气查询等服务;在服务机构办事大厅中,虚拟员工可以提供自助咨询服务。

多场景应用体现了虚拟员工的价值。虚拟员工可以在一定程度上取代人工,进行客户咨询、活动内容讲解、员工培训等方面的工作,将员工从重复、烦琐的工作中解放出来,进行其他更有价值的工作。同时,虚拟员工可以保证全天在线,随时为人们提供服务。与人工服务相比,虚拟员工能够为人们提供更多便利。

除了作为优秀员工完成日常工作外,虚拟员工还可以成长为企业 IP。例如,欧莱雅就推出了虚拟偶像欧爷,如图 8-7 所示。

扫描查看彩图

图 8-7 虚拟偶像欧爷

作为欧莱雅出色的虚拟员工,欧爷主要负责企业的公关事务,拥有不同的栏目和身份。如在"欧爷百事通"栏目中,欧爷作为新闻部长,会及时发布最新的美妆动态;在"欧爷说成分"栏目中,欧爷作为成分党专家,会讲解化妆品成分的秘密，通过美妆新闻、化妆品成分等内容的分享，欧爷能够为人们提供专业的多样化内容。在内容持续分享的过程中，欧爷的形象不断丰满，也与更多消费者建立起了信任关系，最终成长为具有影响力的企业 IP。

可见，对于企业来说，布局虚拟员工不仅能够降低人工成本、提升工作效率，还能够建立与消费者沟通的渠道，打造企业虚拟 IP。未来，随着虚拟数字人在更多企业中的应用，虚拟员工将成为常态，而企业也将享受到更多的虚拟数字人发展的红利。

8.2.3 虚拟主持人：AI 驱动，智能多场景播报

2022 年元旦假期期间，一档名为《你好星期六》的电视节目接棒《快乐大本营》登陆湖南卫视，吸引了众多观众的关注。在节目首秀当晚，与真人主持人共同主持节目的虚拟主持人小漾登台亮相，成为节目的常驻主持人，如图 8-8 所示。

扫描查看彩图

图 8-8　虚拟主持人小漾

小漾的名字取自英文"young（年轻的）"，寓意青春和活力。她将作为湖南电视台的实习主持人开启自己的职业生涯。在《你好星期六》节目中，小漾不仅可以流畅地进行主持工作，还会自然地和其他主持人或嘉宾互动，展示出了活泼可爱又风趣幽默的形象。小漾的主持给节目带来了不少亮色，

同时这种虚拟主持人和真人主持人组合的主持形式也给观众带来了新鲜感。

除了湖南电视台外，中央广播电视总台、济南电视台等传媒机构也推出了虚拟主持人。与真人主持人相比，虚拟主持人有如下优点。

1）全天候主持。现实生活中，真人主持人会不可避免地产生口误，在长时间的主持活动中，也难免会感到疲惫。而虚拟主持人可以全天候待命，不会口误和疲惫，能够根据工作需要高质量地完成工作。

2）多语种播报。在传媒领域，能够进行多语种播报的主持人无疑是稀缺人才，而借助AI技术，虚拟主持人能够轻松实现多语种播报。这能够大大节省新闻播报的人力和物力。

3）规避道德风险。现实生活中往往会发生真人主持人出现道德风险导致其所主持的节目口碑下滑的现象。而虚拟主持人的一大优势就是"不会翻车"，能够规避真人主持人在道德方面的风险，提高节目的稳定性。

当前虚拟主持人在传媒领域的应用已成为趋势。未来，随着大数据分析、自然语言生成和人工智能识别等技术的发展，将会产生更智能的虚拟主持人。到那时，除了智能播报外，虚拟主持人还能够进行智能写作、剪辑、导播等多项工作。

8.3 聚焦技术，探索进入元宇宙的通道

虚拟数字人是元宇宙的重要组成部分，在虚拟数字人发展的过程中，不同的企业依据自身技术优势，以不同的角度切入虚拟数字人领域，尝试以虚拟数字人应用连接元宇宙。

8.3.1 聚焦多场景应用，推出虚拟数字人解决方案

虚拟数字人可以作为虚拟偶像、虚拟员工等应用于多个领域，根据这方面的需求，一些企业开始整合虚拟数字人技术，为其他企业提供个性化的虚拟数字人解决方案。

在这方面，相芯科技依托语音动画合成技术，推出了虚拟员工解决方案。融合了多种企业知识的虚拟员工能够提供日常工作问题咨询、迎宾讲解等多

种服务。通过语音唤醒，人们能够和智能大屏中的虚拟员工进行自然的沟通，了解各种企业信息。

虚拟员工不仅能够回答人们当前提出的问题，还能够将当前的问题和之前的问题进行综合理解，和人们进行多轮智能沟通。例如，当人们询问"今天的天气怎么样"时，虚拟员工会回复"您要查的地点是哪里呢"，当得到具体的地点后，虚拟员工就会自然地回答出这个地点的天气情况。这种自然的对话模式能够带给人们更真实的沟通体验。

同时，基于企业对虚拟代言人的需求，相芯科技可以根据不同企业的需求打造个性化的虚拟代言人、吉祥物等 IP 形象。在展示风格方面，相芯科技提供 3D 卡通动物、3D 卡通人物和拟真的真人形象等不同风格的 IP 形象。

除了相芯科技外，魔珐科技也推出了虚拟数字人解决方案。魔珐科技经过多年的技术积累，推出了端到端的虚拟数字人解决方案，实现了虚拟数字人面部及身体扫描、建模、绑定、实时动画、渲染等全流程的制作，打通了超写实虚拟数字人制作的全路径。同时，其推出的虚拟数字人解决方案能够实现规模化应用，在多场景实现落地，如应用于企业内部、博物馆、线下商场等多场景中。

当前，这些科技公司推出的虚拟数字人解决方案已经逐步实现了商用，也受到了很多企业的追捧。未来，随着科技的发展，虚拟数字人的功能将更加丰富，应用场景也将进一步扩大。

8.3.2 瞄准个人虚拟形象打造，开放虚拟数字人技术

除了聚焦虚拟数字人制作并推出完善的虚拟数字人解决方案外，还有一类企业着力打造虚拟数字人技术开放平台，助力用户的个人虚拟形象打造。例如，虎牙推出了直播领域首个助力虚拟数字人打造的开放平台 HERO。HERO 平台开放了虚拟数字人应用到的接口和技术，能够让主播自主构建自己喜爱的虚拟形象。

HERO 平台展示了虎牙先进的虚拟数字人技术。借助先进的计算机动画技术、动态骨骼和实时演算技术等，虚拟数字人不仅能够在直播镜头前展示出生动的微表情，还能够进行复杂的动作表演。同时，渲染技术生动地展示

了人体皮肤、毛发、衣物等的真实质感。在多种技术的支持下，虚拟数字人能够提供接近真实的视觉体验。

同时，HERO 平台能够实现真人主播形象的复刻，即主播不必创造其他虚拟形象，而是可以获得一个高度还原自身容貌的虚拟数字人。借助这一技术，无论是虚拟 IP 形象还是真人主播，都可以以高度还原的虚拟数字人形象进行直播，延续自己的 IP 影响力。

此外，在直播内容方面，借助 HERO 平台打造的虚拟数字人，主播可以完成现实中无法完成的直播。例如，一些高难度的舞蹈、极限运动等可以通过虚拟数字人的模拟完成。在虚拟数字人的赋能下，主播能够展现更丰富、更有趣的内容。

HERO 平台不仅可以改变真人主播的直播形式，还能够推动更多的虚拟 IP 进入直播领域。借助 HERO 平台，各领域的虚拟 IP 都可以以 IP 形象开启直播，打通营销新渠道。这意味着，影视、动漫、游戏中的虚拟 IP 形象都可以走进虎牙直播间，通过直播提升自身影响力。或许在不久的将来，越来越多的虚拟 IP 形象将在虎牙开启自己的直播生涯。

8.3.3　发力内容生产，打造虚拟 IP

2021 年 10 月，虚拟生态公司次世文化获得了数百万美元的 A+轮融资。截至 2021 年末，次世文化累计融资已突破千万美元，成为我国虚拟数字人领域冉冉升起的一颗新星。和其他的技术或平台提供商不同，次世文化专注虚拟数字人 IP 的打造和运营。

次世文化的虚拟数字人产品主要表现为三类。

1) 明星虚拟形象产品，即为真人明星打造并运营虚拟形象。当前，次世文化已经和诸多知名明星合作，为其打造了突出明星特色的虚拟形象，同时在完善的运营规划下，明星的虚拟形象也可以承接代言、出席活动等，带来多样的商业化收入。

2) 细分领域原创产品，即在细分领域进行虚拟数字人 IP 孵化，在形成具有影响力的 IP 后实现商业化创收。例如，次世文化曾与魔珐科技共同推出虚拟 KOL 翎，如图 8-9 所示。

扫描查看彩图

图 8-9　虚拟 KOL 翎

与萌系、日韩风的虚拟形象不同，翎的外貌极具东方特色，具有很高的辨识度。同时，她不仅有超写实的形象，行为举止也和真人无异。翎会在社交平台上分享自己的日常，展示自己的才艺，甚至还登上《上线吧！华彩少年》节目，演绎了梅派经典唱段《天女散花》。在持续的曝光和经营下，翎收获了大批粉丝，并和特斯拉、奈雪的茶等品牌达成了合作，实现了虚拟 IP 变现。

3）品牌类 IP 定制化产品，即为品牌定制化打造虚拟代言人。例如，次世文化曾为美妆品牌花西子推出了虚拟代言人花西子，如图 8-10 所示。

扫描查看彩图

图 8-10　虚拟代言人花西子

花西子的整体形象灵感源于苏轼《饮湖上初晴后雨》中的诗句"欲把西湖比西子，淡妆浓抹总相宜"，整体形象清丽典雅，极具东方古典之美。为了突出该形象的记忆点，次世文化还研究了我国传统的面相美学，在建模时特意在花西子眉间点了一颗"美人痣"，让其形象更有特色。

依托三条主要产品线，次世文化产出了多样的虚拟数字人内容，打造了各具特色的虚拟数字人 IP。从场景入手分析用户需求，再倒推出虚拟数字人产品模型是次世文化打造虚拟数字人 IP 的逻辑，这也使其打造的虚拟数字人 IP 更有针对性、更具特色。未来，在融资资本的支持下，次世文化将强化虚拟数字人的支持体系，推进其在更多场景的应用，构建起更加完善的虚拟数字人 IP 矩阵。

Chapter Nine

第 9 章

营销虚拟化：元宇宙营销大有可为

元宇宙能够颠覆人、物、场景等连接的媒介，而营销与媒介密不可分，因此随着元宇宙的发展，营销也将逐渐走向虚拟化，最终实现元宇宙营销新场景。在实践的过程中，企业不仅可以将现实中的营销场景搬进虚拟世界，还可以在其中创造营销新场景，打造营销新模式。

9.1 元宇宙催生数字营销新模式

在元宇宙的虚拟世界中，营销产品可以变为数字产品、营销对象可以变为用户的虚拟形象，同时，虚拟 KOL 也可以取代真人为产品或品牌代言。元宇宙将变革传统营销模式，产生多样的全新数字营销模式。

9.1.1 营销产品：数字产品代替实体产品

在元宇宙发展的大趋势下，互联网商业形态不断变化，元宇宙提供的虚拟空间和沉浸式交互体验为品牌营销提供了想象空间。品牌营销的主体可以不再是实体产品，而是数字产品。

2021 年末，元宇宙公司 Virtual Brand Group 和时尚品牌 Forever 21 合作，将在沙盒游戏平台 Roblox 中开启一种新的营销模式。Forever 21 将在 Roblox 中创建虚拟购物城，而玩家可以成为其中虚拟商店的经营者。

如何成为 Forever 21 虚拟商店的经营者？玩家需要在 Forever 21 购物城中选择一个人流量大或者风景优美的地点搭建自己的虚拟商店。玩家可以获得一个玻璃商店，使用 FutureScape（未来世界）、Eco-Urban（生态城市）等不同的建筑主题装扮商店，还可以布置各种家居、艺术品、灯饰等，打造商店的特色。每完成一项任务，玩家都会获得相应的积分。Forever 21购物城的中心坐落着Forever 21旗舰店，玩家可以在旗舰店中用积分购买家具或商品。

在虚拟商店运营的过程中，玩家需要雇用一个NPC团队为商店工作，同时需要布置货架或模特等。和现实世界中的店主一样，玩家需要不时地处理店铺订单、补充店铺库存等。

在Roblox中创建好虚拟购物城之后，Forever 21在现实世界中发布新品时也会在虚拟世界里发布新的数字产品，并在Forever 21购物城中出售，如图9-1所示。

扫描查看彩图

图9-1　Forever 21旗下的数字产品

在元宇宙火热发展的趋势下，Forever 21看到了新的营销机会，通过同步发布实体商品和数字商品的方式创新了企业的营收途径。这也展示了元宇宙营销的一种新模式：企业可以在虚拟世界中创建虚拟商店，通过发布数字产品的方式增收。

或许元宇宙从萌芽到成熟还有很长的路要走，但不论元宇宙何时到来，其在发展的过程中，都会对整个营销环境产生越来越深远的影响。未来，将有更多的品牌在更多的元宇宙应用中推出数字产品，虚拟营销也将成为更多企业的必修课。

9.1.2 营销对象：瞄向虚拟形象

2022年初，腾讯旗下的手游《王者荣耀》推出了一款和电视剧《西游记》联动的女儿国国王皮肤，上线三天销量就突破了百万。为什么一款存在于游戏中、穿在游戏人物身上的服装能够获得玩家的追捧？这背后显示了玩家不一样的消费需求。

在现实世界中，人们购买商品时往往会注重商品的实用性，但在虚拟世界中，由于虚拟商品是体现在虚拟人物上的，美观度成了更重要的购买标准之一。在游戏中，优美的皮肤设计、酷炫的技能展示和皮肤自带的背景音乐等都是吸引玩家购买皮肤的重要因素。

在游戏中，玩家愿意购买穿戴在虚拟人物身上的皮肤，同样的，在元宇宙中，用户也会愿意为穿戴于虚拟形象身上的服装买单。在元宇宙中，每个用户都会拥有自己的虚拟形象，为了获得更好的元宇宙体验、展示自身个性等，用户存在装扮虚拟形象的需求，而营销所面对的营销对象便从现实中的用户变成了这些虚拟形象。

虚拟形象科技公司Genies经过长期探索，在元宇宙营销方面打造出了一种新的营销模式。在Genies平台上，用户可以根据自己的喜好自建一个虚拟形象，这个形象可以是真人形象，也可以是动物、外星人等，如图9-2所示。

扫描查看彩图

图9-2 用户的虚拟形象

此外，Genies平台还有可供虚拟形象穿戴的设备，如头盔、服装、武器等，用户可以通过充值购买或参与Genies的官方活动获得。目前，环球音乐集团已经和Genies达成了合作，Genies会为环球音乐集团旗下的艺人提供虚拟形象和可穿戴的虚拟服装。艺人可以以虚拟形象和粉丝进行互动，也可以出售其虚拟形象和可穿戴的虚拟服装，同时，获得艺人同款虚拟形象和服装的用户也可以在 Genies 平台中使用它们。

随着元宇宙的发展，将有更多的人在元宇宙中以虚拟形象生活。面对这种趋势，企业需要拓宽视野，关注到营销对象的转变，并据此推出新的虚拟商品。或许在未来的元宇宙中，聚焦虚拟形象将产生更加科幻的服装、宠物、载具等，不仅用户可以借此获得更新奇的元宇宙体验，企业也可以在新的赛道上实现腾飞。

9.1.3　营销手段：虚拟 KOL 成为营销新宠

当前，为了扩大影响力，很多企业都会邀请明星为企业代言。在享受明星带来的流量优势的同时，企业也需要承担相应的风险。一旦明星出现负面新闻，那么企业的声誉也会受到影响。对此，一些企业另辟蹊径，开始邀请虚拟 KOL 为企业或产品代言。

2021 年中秋节期间，天猫推出了一款"来自元宇宙的礼物"——数字月饼。该月饼以多面体和酸性金属物质为设计元素，其中多面体形态代表现实世界，酸性金属物质象征元宇宙，如图 9-3 所示。数字月饼限量 50 枚，通过用户参与活动抽签获得，吸引了数万人参与其中。

扫描查看彩图

图 9-3　数字月饼

为用户定制这款月饼的主理人并不是真人，而是天猫的数字员工 AYAYI。AYAYI 于 2021 年 5 月亮相小红书，吸引了众多网友的关注和讨论，如图 9-4

所示。

扫描查看彩图

图 9-4　数字主理人 AYAYI

作为一个超写实的虚拟数字人，AYAYI 刚刚出道就吸引了巨大关注。首次在小红书上亮相的光影图让她在一个月内收获了超过 280 万的浏览量和超过 10 万的点赞，涨粉 4.9 万。2021 年 7 月，AYAYI 公布了一张佩戴虚拟饰品的照片，表明了其虚拟 KOL 的定位，展现了虚拟数字人和虚拟产品合作的可能性，如图 9-5 所示。

扫描查看彩图

图 9-5　AYAYI 佩戴虚拟饰品

AYAYI 的出现表明了虚拟数字人的一种新的定位：虚拟数字人可以作为虚拟 KOL 为产品代言。在获得一定影响力后，AYAYI 成功入职阿里巴巴，成为阿里巴巴的数字员工。未来，AYAYI 将解锁多样身份，如数字策展人、潮牌主理人等，推出更多的数字产品或活动。

在众多企业开始以数字产品探索元宇宙的当下，相比真人明星，虚拟 KOL 和数字产品有更高的契合性，更有助于企业进行新形式的元宇宙营销。未来，随着多样虚拟 KOL 的出现和企业在元宇宙营销方面的深耕，虚拟 KOL 将在更大程度上取代真人明星，作为更多企业新的代言人。借助虚拟 KOL，企业不仅可以降低真人代言的风险，减少营销成本，还可以推出多样的数字产品、开展各种数字营销活动，提升企业的影响力。

9.1.4　营销场景：虚拟营销场景提升用户体验

元宇宙能够实现现实场景的虚拟化，能够带给用户真实的沉浸感。当元宇宙与营销场景相结合时，能够极大地变革传统营销模式，带来营销新体验。

一般而言，企业在为客户打造定制化产品之前，都要和客户沟通设计细节、展示产品模型。但受限于当下的展示技术，企业难以全面模拟并展示产品的设计流程、操作模式等，容易造成彼此理解的误差，也不利于促成销售。

但如果将营销场景搬进元宇宙中，很多沟通的问题都可以迎刃而解。如借助数字孪生平台，企业可以展示产品从设计到完成的全流程，甚至可以让其在虚拟世界中操作产品，明确产品是否符合自己的预期。如果客户对产品的某一功能不满意，企业也可以及时调整数据，改进设计方案。

同时，将营销场景搬进元宇宙中，也可以带给客户更好的购买体验，更好地促成销售。例如，当前客户在定制汽车时，可以在大屏幕中自由选择汽车的颜色、内饰、配置等，组合成自己喜欢的定制款，但却无法获得真实的试驾体验。而在元宇宙营销场景中，客户按喜好定制好汽车后，还可以借助 VR 设备进入虚拟空间，驾驶汽车自由穿梭于公路、沙漠等场景中，感受汽车的功能和性能。

当前，已经有一些企业将营销场景搬到了虚拟世界。例如，帕莱德门窗推出了一个虚拟产品体验平台，可以让用户借助 VR 设备在虚拟场景中获得真实的产品体验。借助该虚拟平台，用户足不出户就可以来到真实的营销场景，在这里，帕莱德门窗可以依据用户需求展示定制化的门窗设计方案，让用户亲身体验方案最终的效果。这样的营销模式不仅能够为用户提供更多便利，还能够大大提高产品转化率。

尽管当前电商销售依旧是市场中主要的营销模式，但以发展的目光来看，以元宇宙助力营销升级是新市场需求下的必行之道。在元宇宙发展的大环境下，企业需要瞄准市场风口、紧跟时代脚步，借助新技术实现营销场景的创新。

9.2 品牌动作不断，迎接新变革

在新的市场形势下，众多品牌开始从营销各角度入局，布局元宇宙营销。传统品牌开始借虚拟产品、虚拟代言人等变革营销方式，而新的聚焦元宇宙的虚拟品牌也在不断产生。

9.2.1 元宇宙营销的底层逻辑

作为新的营销风口，元宇宙受到了许多品牌的关注。2021年10月，奥利奥推出了永不会过期的数字饼干，麦当劳中国发布NFT作品"巨无霸魔方"；2021年12月，OPPO发布了折叠屏手机Find N，同时发布了限量的元宇宙奇旅数字藏品限定礼盒，并邀请虚拟偶像"阿喜"当数字推荐官。为什么这些品牌都在探索元宇宙营销？

元宇宙营销具有与众不同的营销优势，这和其营销逻辑密切相关。

一方面，元宇宙营销具有与生俱来的稀缺性。正所谓物以稀为贵，而元宇宙中的NFT产品都是唯一、不可复制的，天然具有稀缺性。这意味着品牌推出的NFT产品具有很高的收藏价值，并且可以在NFT交易中实现变现。同时，在线上营销活动逐渐普及的当下，将营销活动搬进虚拟世界、给予人们更真实沉浸感和更自由交互体验的元宇宙营销活动能够更新人们的营销体验，也体现了营销活动的稀缺性。

另一方面，元宇宙营销具有更强的社交属性。NFT产品和元宇宙营销活动的稀缺性意味着参与者能够获得更强的社交资本。其本质和限量产品、VIP会员等异曲同工，都构建出了"我有你无"的超值感。这使得元宇宙营销有了更强的社交属性，人们可以凭借购买NFT产品、参加元宇宙营销活动来彰显自身的身份、荣誉、幸运等。

基于以上营销逻辑，品牌进行元宇宙营销能够在其稀缺性和强社交性的帮助下获得超强的口碑传播，如引发参与者进行二次或三次传播、吸引自媒体自发传播等，大大提升了品牌的影响力。

9.2.2 传统品牌的虚拟探索：多路径进军元宇宙

在元宇宙风口下，越来越多的传统品牌开始转变营销策略，向着元宇宙营销迈进。整体来看，传统品牌进军元宇宙的方式主要有三种。

1. 推出虚拟产品

2021年初，奢侈品品牌Gucci推出了一款虚拟运动鞋Gucci Virtual 25，如图9-6所示。用户购买这款虚拟运动鞋后，可以在Gucci App、VRChat、Roblox等平台中试穿，并可以拍照、拍摄短视频等。

扫描查看彩图

图9-6 Gucci Virtual 25

2. 打造虚拟代言人

屈臣氏曾推出了一位虚拟偶像屈晨曦，并宣布其为自身品牌的代言人，如图9-7所示。

屈晨曦不仅有青春帅气的外表，还懂得各种品牌知识、产品知识等，能够和用户聊天，为其提供专业、个性化的咨询建议。同时，屈晨曦还积极切入直播带货赛道，通过直播一次次地引爆了产品销量。对于屈晨曦未来的发展，屈臣氏表示其会长久地处于成长学习的阶段，未来屈晨曦如何发展是由粉丝决定的。

图 9-7　虚拟偶像屈晨曦

3. 开展虚拟活动

2021 年"双 11"期间，天猫举办了一场名为"双 11 元宇宙交响"的虚拟音乐会，将双 11 的购物狂欢氛围推向了高潮。在这场音乐会中，出现了一位与众不同的特邀嘉宾"数字贝多芬"。借助全息投影出现在音乐会现场的"数字贝多芬"在空中进行指挥，和靖海音管弦乐团一起跨越虚拟与现实的次元壁，演奏了一曲《欢乐颂》。同时，在音乐会现场，很多乐手使用的乐器也不是现实中的乐器，而是数字虚拟乐器。借此契机，天猫联动了可口可乐、小米等多个品牌，推出了十款数字虚拟乐器。此次音乐会不仅彰显了天猫的创新能力，更传递出了其布局元宇宙营销赛道的野心。

9.2.3 虚拟品牌顺势发展：Tribute Brand 深受喜爱

除了传统品牌借元宇宙趋势进行虚拟营销变革外，一些纯粹的虚拟品牌也借着元宇宙的东风顺势发展。虚拟时装品牌 Tribute Brand 就是其中的代表。

在 Tribute Brand 的电子商城里，用户可以购买各种款式和颜色的虚拟服装。之后，用户可以将购买的服装添加到自己的照片上，并发布到社交网络中，如图 9-8 所示。

扫描查看彩图

图 9-8　Tribute Brand 虚拟服装

Tribute Brand 虚拟服装有 4 大特点，分别是无运费、无浪费、无性别、无尺寸。

1）无运费指的是 Tribute Brand 的虚拟服装没有发货运输环节，用户只需要在官网上下单，再按照要求将照片发到后台即可。从购买服装到分享穿戴服装的照片，所有流程都在线上完成。

2）无浪费指的是现实中的服装在设计过程中会不可避免地造成资源浪费，同时，大量过时、破损的衣服在掩埋、焚烧过程中也会造成环境污染。而 Tribute Brand 能够实现无浪费，其虚拟服装不会使用现实中的布料，同时如果用户不再想穿戴虚拟服装了也可以一键删除，不会造成污染。

3）无性别指的是 Tribute Brand 旗下服装都是无性别产品。Tribute Brand 不会在服装上堆积各种用于区分性别的设计符号，蕾丝、领带等元素也会被打乱，形成了无性别时尚风格。

4）无尺寸指的是现实中的服装存在不同的尺码，适合不同的人群，而Tribute Brand 的虚拟服装不存在尺码，适合所有体型、所有性别的用户。只要用户想要体验这种虚拟时尚，就可以拥有适合自己的虚拟服装。

在品牌创立之初，Tribute Brand 收获的用户并不多，但进入 2020 年以后，Tribute Brand 迎来了快速发展。一方面，受现实环境影响，很多线下时装秀都被取消，产品销售额大幅下跌，而 Tribute Brand 以虚拟时装为特色，产品销售不受现实环境的影响。另一方面，Tribute Brand 可以在社交网站上分享的虚拟时装满足了人们的社交需求，得到了更多用户的青睐。

Tribute Brand 引领了虚拟时尚的潮流，也迎合了时代发展的脚步。在元宇宙饱受关注的当下，越来越多的企业开始探索虚拟时尚，而 Tribute Brand 发展虚拟品牌的实践也有了无限潜力。未来，在逐渐成熟的元宇宙中，虚拟品牌将成为时尚主流，获得更好的发展。

Chapter Ten

第 10 章

经济虚拟化：与现实连通的虚拟经济

在元宇宙发展的当下，科技方面的技术设施不断搭建，新的商业市场也随之兴起。科技与经济的结合促使经济走向虚拟化，衍生出了全新的虚拟经济模式。这一经济模式为经济市场带来了新的发展增量，也带来了企业发展的新机遇。

10.1 元宇宙依托经济体系长久运行

元宇宙中存在完善且平稳运行的经济系统，能够满足人们生活和工作多方面的需求。在这一经济体系下，人们能够以虚拟身份进行各种创作并获得收益，可以进行数字资产交易，也可以将数字资产转化为现实世界中的资产。

10.1.1 数字经济迭代，元宇宙经济崛起

2020 年以来，以大数据、人工智能等技术为支撑的数字经济正在加速发展，将成为推动未来经济发展的重要引擎。其中，作为数字经济的重要组成部分，元宇宙经济将展现出极大的潜力。根据普华永道预计，元宇宙经济将在未来大幅增长，到 2030 年，其市场规模将达到 15000 亿美元。

随着元宇宙的发展，会出现越来越多以数字为载体的产品，如图像、音频、视频等信息和娱乐产品，以及数字教育产品、数字医疗产品等服务产品。在这些数字产品创造、交换和消费的过程中，元宇宙经济也得以形成。

元宇宙经济和数字经济有什么联系？元宇宙经济是数字经济的组成部分，是数字经济在虚拟世界的延伸。虚拟世界将打开广阔的经济增长空间，而元

宇宙经济也将成为数字经济发展的新增长点。

在区别方面，元宇宙经济不同于中心化的数字经济，形成了一种去中心化的经济体系，这使得元宇宙经济更具发展的活力。

一方面，去中心化的经济体系能够激励创作者创作。在当下的一些 UGC 平台中，创作者虽然可以通过创作获得收益，但也要将一部分收益分给平台方。而在去中心化的元宇宙中，中心化的服务平台不复存在，创作者可以与买方直接交易，获得更多收入。

另一方面，去中心化的经济体系能够实现多人共治。在元宇宙中，人们不仅是元宇宙经济的创造者，也是元宇宙经济的治理者。而在搭建元宇宙经济治理体系方面，DAO（去中心化自治组织）的治理模式能够实现多人参与的共同治理。DAO 是基于区块链技术衍生出的一种组织形态，能够解决组织治理中的信任问题。具体而言，DAO 的治理优势主要体现在以下三个方面。

1）去中心化。DAO 中不存在中心节点和层级化的管理架构，通过不同参与者之间自下而上的交互实现组织目标。同时，DAO 遵循平等、互惠的原则，由组织成员的共同利益所驱动。

2）自动化。依赖于智能合约，在统一的治理原则下，DAO 能够实现管理的程序化、自动化。

3）组织化。DAO 中的运行规则、参与者的职责、奖惩机制等都是公开透明的。通过一系列自治原则，所有参与者的权益都能够得到精准划分，并能够通过自己的付出获得相应的回报。在权利、责任、利益分配公平公正的背景下，组织运转也更加协调。

在 DAO 去中心化的治理模式下，元宇宙能够顺利运行，其经济体系也得以有效运转。

总之，作为数字经济的下一站，去中心化的元宇宙经济将开辟新的经济创造和经济治理模式，推动数字经济进一步爆发。

10.1.2　元宇宙经济的核心要素

在元宇宙中，人们能够打破现实世界中的诸多限制，更自由地进行内容创造和价值交换。同时，为确保人们的创作和消费体验，元宇宙中需要建立起公平的经济体系,所有创作者都能够参与到这个经济体系中并获得合理的回报。整体来看,元宇宙经济体系的搭建离不开以下核心要素。

1. 数字货币

数字货币是元宇宙经济搭建和发展的基础。有了数字货币这个一般等价物,元宇宙才能够实现价值交换,元宇宙交易市场才得以崛起。有了可流通的数字货币,人们在元宇宙中就不再是单纯的消费者,而是可以成为创作者,通过自己的创作获得数字货币。在有买有卖的经济行为下,元宇宙经济体系才得以形成。

2. 数字内容创造

元宇宙的繁荣离不开海量数字内容的创造。源源不断的数字内容不仅丰富了人们的元宇宙体验,也提供了大量可以交易的数字商品。人们在元宇宙中设计的道具、建造的房屋等都可以作为数字商品进入数字市场交易。

3. 数字资产

在元宇宙中,人们可以通过持续的数字内容创造积累数字资产、进行数字资产交易或将数字资产转化为现实中的资产。当前,一些游戏也会在虚拟商店中推出各种道具,支持玩家购买或交易。但是这些虚拟商品依托游戏平台而存在,没有流通性,因此不能算是严格意义上的数字资产。而元宇宙中,数字资产不仅可以在元宇宙的不同场景中流通,还可以在元宇宙和现实世界中流通,具有强大的流通价值。

4. 数字市场

数字市场是元宇宙繁荣的基础,有了数字市场,人们才能够在元宇宙中交易并获得收益。

当前,数字市场的雏形已经形成,如人们可以在一些交易平台上进行虚拟服装、数字艺术品等的交易,但这些数字交易并不成熟。在元宇宙的数字市场中,数字商品的创造、交易等过程都会发生在元宇宙中。

在完善的元宇宙经济体系的支撑下，人们可以自由创造数字内容，通过数字货币和数字市场进行交易，积累数字资产。同时，借助元宇宙经济体系的强流通性，人们还可以进行现实资产和数字资产的相互转化，合理规划自己的生活。

10.2 数字内容资产化，NFT成为核心凭证

现实社会中的资产具有资产凭证，元宇宙中的数字资产也需要凭证，NFT能够在标注数字资产所有权方面发挥重要作用。当前，NFT已经应用于游戏、数字艺术品交易等领域。未来，NFT将应用于数字内容的更多领域，助力元宇宙经济生态。

10.2.1 NFT明确数字资产价值，助力数字资产流通

NFT是一种具备唯一性和不可分割性的通证，这种特性意味着它可以和其他具备唯一性的物品绑定，如游戏中的稀有装备、艺术家创作的数字艺术品等。由于每一个NFT都是唯一的，拥有了NFT就意味着拥有了其锚定物的价值。同时，NFT可以将锚定物的相关权利、交易信息等记录在智能合约中，并在区块链上生成一个无法篡改的唯一编码。

当前，人们已经在互联网上创造了海量的数字内容，但很难被合理定价并交易。而一旦数字内容与NFT绑定，人们所拥有的资产类型将会成指数级增长，同时，这些数字资产的流通门槛也会大大降低。这意味着，随着海量数字内容转化为数字资产，将打开广阔的数字资产交易空间。

此外，创作者经济是元宇宙经济的重要表现形式。对于创作者来说，创作内容的确权十分重要。如果创作内容的所有权具有不确定性，那么创作者就难以通过创作获得收益，进而UGC也将失去活力。而NFT对于数字资产的确权能够解决数字资产流通中的版权问题，激发创作者在元宇宙中的创作积极性。

同时，NFT还能够让创作者获得更多收益。在目前的一些UGC平台中，创作者虽然可以通过创作获得收益，但也要将一部分收益分给平台方。而在

未来去中心化的元宇宙中，创作者可以直接和买家进行 NFT 交易，获得更多收益。并且，在之后该 NFT 的转让出售中，创作者还可以得到一定比例的收益。这不仅让创作者获得的收益更可控，也可以让创作者长期盈利，更利于刺激创作者生产内容。

10.2.2　NFT 游戏爆发，"Play to Earn" 成为趋势

游戏领域是 NFT 落地的主要领域之一，自元宇宙概念爆发之后，NFT 游戏也站上风口，获得了更多企业和用户的关注。在其发展的过程中，不仅衍生出了多样的内容和玩法，也展现了新的经济运行模式。

加密猫是早期 NFT 游戏中的代表，如图 10-1 所示。图 10-1 中的每一只猫都有一个 NFT 编码，拥有独特的价值。两只猫配对之后会产生一只小猫，其造型和价值也是独一无二的，造型越稀有价值也会越高。

扫描查看彩图

图 10-1　加密猫

玩家可以将获得的小猫在交易市场中出售，以此获得收益。相比传统的养成类游戏，这种 "Play to Earn（边玩边赚）" 的模式更能激发玩家参与游戏的积极性。

"Play to Earn" 模式展示了游戏与金融结合的 GameFi（游戏化金融）表

现形式，而 GameFi 体现了元宇宙经济体系的雏形。伴随着元宇宙的发展，GameFi 领域迎来了爆发，出现了一些更新奇的 NFT 游戏。其中，Axie Infinity 就是当下十分火热的一款 NFT 游戏，如图 10-2 所示。

扫描查看彩图

图 10-2　Axie Infinity

和加密猫相同，Axie Infinity 也是基于虚拟宠物的 NFT 游戏，不同的是，Axie Infinity 融入了更多样的玩法。玩家在购买了虚拟宠物 Axie 后，可以饲养并繁殖新的 Axie，或者通过其参与战斗。战斗模式和繁殖模式是推动游戏经济系统不断运转的核心。在战斗模式中，玩家可以操作 Axie 进行战斗，并获取游戏代币 SLP 和 AXS。在繁殖模式中，玩家可以通过两只 Axie 的配对得到新的 Axie。

为了实现"Play to Earn"模式，Axie Infinity 搭建了完善的经济系统。玩家可以通过战斗、繁殖或参与关键治理投票等获得游戏代币，也可以出售游戏代币获得真实的收益。在这个形成闭环的经济系统中，有产出游戏代币的渠道，也有交易赚取收益的渠道，大大激发了玩家参与游戏的积极性。

基于"Play to Earn"模式，NFT 游戏在为玩家提供多样玩法的同时也使玩家可以通过游戏创收。游戏内部存在完善的虚拟经济体系，支持玩家生产创造或交易，积累虚拟资产，同时，这些虚拟资产也可以兑换为现实世界中的真实资产。虚拟经济体系和现实经济体系的连通搭建了元宇宙经济的雏形。

10.2.3　NFT 商品火热，交易频繁

2021 年 8 月，NBA 球星斯蒂芬·库里将其推特头像更换为无聊猿猴游艇

俱乐部（Bored Ape Yacht Club，BAYC）的作品，而这个 NFT 头像花费了库里约 18 万美元。随着"库里头像"的话题登上社交媒体热榜，更多的人开始好奇 BAYC 的来历。

BAYC 是一个描绘猿猴各种面部表情的 NFT 项目，其中的每一个 NFT 头像都是独一无二的，如图 10-3 所示。

图 10-3　BAYC 中的 NFT 头像

在出售这些 NFT 头像时，BAYC 同时会授予买家 NFT 头像的所有权和商业使用权。这意味着，交易完成后，买家不仅可以在社交平台上使用 NFT 头像，还可以以此形象设计并销售产品，如书籍、漫画、衬衫等。

当前，NFT 市场中的交易十分火爆，除了 BAYC 这类 NFT 项目外，与各大 IP 联动的 NFT 商品也受到了市场的欢迎。例如，美国经典 IP《美国众神》品牌旗下的 250 份 Technical Boy 系列 NFT 作品在 5min 内售罄；好莱坞 IP《神奇女侠》主题系列 NFT 作品销售总额达 185 万美元。诸如此类的 NFT 交易频频发生。在这一趋势下，许多企业都开始试水 NFT 领域，推出了自己的 NFT 商品。

2021 年 6 月，支付宝联合敦煌美术研究所发布了敦煌飞天和九色鹿两款限量版的 NFT 付款码皮肤，用户可以以 10 支付宝积分加 9.9 元进行兑换，将其显示在付款码上方。该商品上线后引发了人们的抢购热潮，1.6 万个 NFT 付款码皮肤瞬间售罄。除了支持买家在支付宝上使用该皮肤外，发行方并未向买家出售该作品的版权。换言之，买家只拥有该皮肤的使用权，而不能进行二次交易。

各类 NFT 商品交易的火热吸引着越来越多的企业入局，NFT 商品的种类也走向多样化。同时，多样化的 NFT 商品也吸引着越来越多的人参与到 NFT 交易市场中。这一趋势将加速数字内容的创造和数字内容向数字资产的转化。

10.2.4 NFT 交易平台纷纷上线

乘着元宇宙的东风，伴随着数字经济发展而诞生的 NFT 交易平台也迎来了发展的黄金阶段。传统 NFT 交易平台大获发展，新兴的 NFT 交易平台也顺势崛起，为个人 NFT 交易和投资提供了平台。

国际市场上，OpenSea、Nifty Gateway、Foundation 等交易平台都十分活跃，交易额不断提升。其中，凭借先发优势，OpenSea 已经成为行业中最大的 NFT 交易平台。数据平台 Dune.xyz 提供的数据显示，2021 年 8 月以来，OpenSea 的市场份额始终保持在 50% 以上，2021 年 11 月，其交易额占比达 92.5%。

OpenSea 的竞争优势主要表现在以下两个方面。

1. 一站式交易平台

OpenSea 是跨品类、跨链的 NFT 综合交易平台，虚拟土地、游戏皮肤、艺术品等 NFT 商品都可以在其中交易。同时，其支持以太坊、Polygon 等多种区块链，便于用户轻松在平台上完成不同链上 NFT 交易。基于 OpenSea 的综合性，用户能够获得更便捷的交易体验。

2. 低门槛且收费清晰

一般而言，用户在 NFT 交易平台中铸造 NFT 或交易 NFT 时都要支付 Gas 费。而用户在 OpenSea 上铸造 NFT 不需要支付 Gas 费，只有在成功出售商品时，用户才需要支付 2.5% 的 Gas 费。这大大降低了用户的参与门槛和参与风险。此外，用户可以对 NFT 设置版税，当 NFT 进行再次交易时，用户可以获得相应的版税收入。

基于以上优势，OpenSea 吸引了大量的 NFT 创作者和交易者活跃于其中，逐渐建立了在 NFT 交易市场中的龙头地位。

相较国外而言，国内的 NFT 市场发展稍显缓慢，但随着元宇宙的爆发，

NFT交易平台也呈现出集中爆发的趋势。2021年5月，我国第一个去中心化数字资产交易平台NFT中国上线；2021年6月，支付宝推出蚂蚁链并发售敦煌飞天和九色鹿的NFT付款码皮肤；2021年8月，腾讯旗下NFT交易平台幻核App上线。其中，幻核App在上线的同时发布了首批NFT商品——与脱口秀节目《十三邀》共同开发的有声《十三邀》NFT藏品，受到了人们的追捧。该NFT藏品是一个交互体验页面，集成了《十三邀》嘉宾的数字音频。除了收藏这些音频外，用户在购买NFT藏品后，还可以将自己的头像和在H5页面上的互动信息刻录到唱片上，并存储在区块链中。这种互动形式提升了该NFT藏品的收藏价值。为了更好地引导用户在平台中的行为，规避炒作问题，幻核App不仅会对用户进行实名认证，还会将NFT的认购信息和用户永久绑定，不支持NFT的二次交易。此外，只有经过平台授权的企业、艺术家等，才能发布NFT，进一步保证了NFT创作和流通的合规性。

NFT创作与交易是元宇宙重要的经济形态和组成部分，而在NFT交易平台的支持下，更多人将参与到元宇宙经济建设中来，推动元宇宙经济规模不断扩大。同时，NFT交易平台打通了NFT交易的一、二级市场，大大提高了交易效率。未来，随着NFT交易平台的不断壮大，其将产生远超当前电商平台的交易频次和规模。

Chapter Eleven
第 11 章

融合生态：虚拟与现实完美交融

未来，随着元宇宙的发展，其生态将不断扩大，元宇宙所承载的虚拟世界的边界将不断扩大。同时，虚拟世界也将逐步向现实世界延伸，模糊虚拟与现实的边界。在虚实相融的元宇宙生态下，人们的生活体验也将被革新。

11.1 技术发展，虚实融合更加自然

当前，人们已经可以借助 VR 设备进入虚拟世界并进行多样的探索，也可以借助 AR 设备将虚拟场景搬进现实。而在未来，随着各种先进技术的发展，虚拟与现实将更自然地融合在一起，提升人们在元宇宙中的沉浸感。

11.1.1 由实到虚：VR 全感官沉浸，加深沉浸感

元宇宙能够为人们提供一个无限接近真实且支持自由交互的虚拟空间。借助 VR 设备，人们不仅可以看到逼真的虚拟场景，还能够自由地在其中奔跑、跳跃、搏斗等。但元宇宙带来的沉浸感并不只是视觉上的沉浸感和行动上的自由感，而是覆盖全感官的沉浸感。

具体而言，VR 设备创造出的虚拟世界需要满足以下沉浸体验。

1）视觉沉浸：视觉沉浸表现为人们可以看到逼真的虚拟环境，可以根据虚拟世界营造的空间感分析自身所处的位置，如身处高楼上、身处山谷中等。同时，虚拟世界还要保持极高的刷新率，虚拟场景可以随人们的视野变化实时刷新。

2）听觉沉浸：听觉沉浸表现为借助 VR 设备，人们可以如同现实世界中

一样听到周围环境中的所有声音，包括周围的说话声、奔跑的风声、动作产生的细微声音等。同时，虚拟世界中的声音还应随空间的远近而变化，模拟出真实的听觉体验。

3）触觉沉浸：触觉沉浸表现为人们能够在虚拟世界中获得拟真的力反馈和触觉反馈。例如，当人们用手击打虚拟物品时，可以获得拟真的力反馈；在触摸虚拟物品时，也可以根据触觉反馈感知物品的质感。

4）嗅觉沉浸：嗅觉沉浸表现为人们可以在虚拟世界中获得拟真的嗅觉体验，如可以闻到花朵的花香、树木的清新味道等。

当前，在 VR 创造的沉浸体验方面，很多公司都已经做出了尝试。例如，在听觉沉浸方面，Roblox 计划在平台中融入"空间语音"功能，该功能可以加深玩家在虚拟世界中的沉浸感。在现实中，人们会通过声音进行各种交互，如和朋友一起欢呼、向远处的朋友呼喊等。这些场景在虚拟世界中的实现能够提升玩家的沉浸感。而借助"空间语音"功能，玩家能够自然地和身边的朋友低声私语、呼叫远处的朋友等。

再如，在触觉沉浸方面，市场上已经出现了多款触觉沉浸手套。以 VRgluv 触觉手套为例，低延迟、高自由度的追踪定位和 360°无死角拇指跟踪使得其可以捕捉复杂的手势动作并真实还原到虚拟世界中。同时，该触觉手套中埋入了诸多力度传感器，当虚拟世界中的手和物品产生接触时，力反馈技术会利用制动装置使用户感受到物品的软硬程度和重量。

当前，受限于技术水平，VR 设备在沉浸感方面尚需完善，存在卡顿、眩晕、动作捕捉延迟高、未能实现全感官沉浸等问题。而在未来，随着 5G 和 6G 的发展以及视觉沉浸、听觉沉浸、触觉沉浸、嗅觉沉浸等方面技术的成熟，全感官沉浸的 VR 体验将成为现实，人们在虚拟世界中将得到更加真实的沉浸体验。

11.1.2 引虚入实：AR 虚拟场景，助力虚实相融

除了虚拟世界中的虚拟体验更加真实外，AR 也将在未来进一步发展，落地于更多场景中，营造更真实的沉浸式环境，以提供多种信息的方式增强人们对于现实的感知。具体而言，AR 可以在以下场景中实现虚实相融。

1. AR实景导航

借助AR地图软件，当用户发起AR实景导航时，眼前就会呈现与实景融合的虚拟导航指引。标志性的建筑信息、路径、时间等都会浮现在眼前。交互式AR地图可以为用户提供基于位置方向的实景路线导航，并可以让用户与周围场景有更多的立体互动。

2. AR展示导览

AR展示导览即通过AR扫描地图触发动态画面，如商品介绍、景点介绍等。该技术被大量应用于博物馆对展品的介绍中，通过在展品上叠加虚拟文字、视频等，为游客提供全面的导览介绍。游客可以通过语音、手势等和虚拟文物实时互动，实现人、景、物的实时交互体验。

3. AR场景还原

AR场景还原可以用于现实场景的复原展示，如在文物原址上将复原的虚拟场景与现实残存的部分完美结合，为人们提供身临其境的游览体验。例如，AR旅行应用《巴黎，当时和现在的指南》就将游客带到了20世纪的巴黎，为游客提供了虚实结合的沉浸体验。

当前，在借助AR引虚入实方面，许多企业都做出了探索。例如，2021年11月，华为基于虚实融合的河图技术开发了一款AR交互体验App《星光巨塔》。借助这款App，用户可以开启一个虚实融合的世界，虚拟的九色鹿可以出现在草地上，闪闪发光的能量塔也会出现在现实中，如图11-1所示。

同时，《星光巨塔》打造了多种LBS AR玩法。用户可以定位AR内容，并收集能量、寻找宝箱、占领能量塔、团战打BOSS等，最终获得游戏的胜利。在整个游戏过程中，拟真、与现实相融的虚拟场景能够大大提高用户在游戏中的沉浸感。

《星光巨塔》的打造是AR场景融入现实的一种尝试，为用户带来了别样的体验。而在未来，在更多企业的发力下，AR应用将在更多场景落地，更多的虚拟场景将进入现实。元宇宙的边界会逐渐向现实世界扩展，虚拟世界和现实世界的界限也会进一步模糊。

扫描查看彩图

图 11-1　虚拟的能量塔

11.1.3　脑机接口：人与元宇宙的终极连接

元宇宙的形成依赖各种技术提供的真实沉浸体验，但现有技术所创造的真实感尚存在欠缺。例如，当人们戴上 VR 眼镜在虚拟世界中体验过山车时，能够在拟真的环境下产生紧张感，但却体会不到俯冲失重的虚无感和爬升时的压迫感。

而脑机接口作为人们进入元宇宙的另一个入口，也将成为元宇宙未来发展的方向。《攻壳机动队》《黑客帝国》等科幻作品都对脑机接口进行过想象。大脑与计算机连接后，人们可以在虚拟世界中自由获得信息、开展社交，甚至拥有味觉、触觉等感官体验。相比当前的 AR、VR 等技术，脑机接口将提供颠覆性的元宇宙体验。

在当前的游戏中，玩家的攻击、跳跃等动作都是预设的，无论玩家如何操作，预设动作都不会改变。而通过脑机接口用户可以用意志控制虚拟化身的行动，可以在虚拟世界中自由行动，随心所欲地进行交互，实现更自由的操作。

除了摆脱预设动作的"枷锁"外,脑信号的双向传输使得多种感官反馈成为可能。在这种情况下,当人们在虚拟世界触摸一块石头时,能感受到石头的纹路、温度、重量等,虚拟与现实之间的界限也将进一步打破。

就目前的发展来看,脑机接口技术存在诸多发展难点。人们通过脑机接口用意识进行操作,凭借的是大脑发出的信号,只有精准识别、解析大脑信号,才能让脑机接口的设想成为现实。

目前,已经有一些公司在这方面做了探索。脑机接口公司 Neuralink 研发了一款只有硬币大小的侵入式脑机接口设备,可在 30min 内植入大脑,实现神经信息的传输,把意念转化为数据信号。该设备在脑机接口领域是一次重大进展。

未来,随着脑机接口技术的发展和相关设备的应用,虚拟与现实之间的壁垒将被彻底打破,人们可以全方位地感受虚拟世界,并在其中自由活动。到那时,人们在元宇宙中生存也将成为可能。

11.2 新生态颠覆现实生活

在当前的市场中,出现了很多元宇宙的相关应用,如元宇宙游戏应用、元宇宙社交应用等。但这些应用只是对元宇宙的一种初步探索,展现了元宇宙的雏形,并不是真正的元宇宙。在未来发展中,元宇宙的各种平台将由多元化走向互通、统一,虚拟与现实的连接也将变得越来越紧密。

11.2.1 平台互通,形成更自由的虚拟世界

当前,人们会借助各种游戏平台、社交平台、购物平台等享受多样的线上生活,但不同平台之间存在诸多壁垒,难以实现跨平台的互联互通。人们不得不以多个账号登录多个平台,这使得人们在线上形成的各种关系被平台割裂。

与当前不同,终极形态的元宇宙是一个平台与平台相互连接的超级数字世界,拥有一套完整的通用协议,包括用户身份、数字资产、社交关系等。

在其中，人们可以拥有统一的数字身份，可以创建自己的私人空间，并在统一的规则和接口下和其他平台相连接。

形成终极形态元宇宙的重要一点是在保证各平台独立的前提下，打通各平台之间的壁垒，实现多平台的互联互通，由此才能实现平台间的信息互享、价值互认。这意味着，真正的元宇宙不是某家公司、某个机构独立建立的，元宇宙也不会因某公司或机构的破产而消亡。

从过程上看，元宇宙的形成需要经过两个阶段。第一阶段，各公司会搭建去中心化的元宇宙平台，现实生活中的工作、生活的方方面面都将逐步迁移至虚拟世界。但其中的用户无法进行跨平台操作，在其中某一平台上创建的社交关系、虚拟资产等也无法和其他平台互通。第二阶段，各平台在通用标准协议的支持下实现交互、经济的互联互通，实现真正的元宇宙。

未来，各平台在发展的过程中将会形成一个个大大小小的宇宙，而这些都是被包含在整个元宇宙体系中的。不同的宇宙相互嵌套，相互连接，而人们在其中的体验也将更加自由。

11.2.2 全方位覆盖，现实活动走向虚拟化

未来，伴随着元宇宙的发展，虚拟场景和虚实结合的场景将会更加普及，现实活动走向虚拟化将成为趋势。不止人们的游戏娱乐活动、社交活动会走向虚拟化，更多活动（如企业会展活动、教学活动等）都会向着虚拟化的方向发展。

以企业活动为例，当下主流的依托于语音、视频等进行的远程会议，虽然可以实现异地相聚，但无法给予人们真实的沉浸感。如果将会议搬进元宇宙，则能够打破地域限制，更好地实现身处异地的员工间的工作协同。税务管理公司 Avalara 曾创建了一座由零售、制造、通信等 18 个不同社区组成的虚拟城市，并在其中开展了一系列活动。每个社区都有个性化的活动，进入虚拟城市的人可以在不同社区观看不同主题的演讲、与其他人实时聊天、下载演讲文档等。整场活动包括 25 场主题演讲和 100 多个小活动，能够为人们提供丰富的内容体验。最终，这场虚拟活动为该公司吸引了来自世界各地的数千名客户和合作伙伴，圆满落幕。

再如，在教学活动中，教学场景的虚拟化也会大大提升教学体验和教学效率。将教学场景搬进元宇宙中后，身处不同城市甚至不同国家的学生和老师可以相聚于同一个虚拟教学场景。在其中，师生可以通过虚拟形象互动，并在拟真的虚拟场景中实现更好的教学。如果老师需要向学生讲解某个朝代的历史，那么就可以和学生一起"穿越"到这个朝代，在拟真的虚拟场景中感受当时的风土人情、文化风貌。在游览的过程中，老师可以随周围环境的变化讲解该朝代的官员制度、介绍美轮美奂的艺术品等。

未来，随着元宇宙的发展，其落地的场景也会越来越多，办公活动、教学活动、生产活动、营销活动等都可以在元宇宙中完成。整个社会活动将逐步走向虚拟化。

此外，在现实社会中，更多的工作将由虚拟数字人完成，服务型的虚拟数字人将在未来更广泛地取代人类。其不仅能够在传媒、金融等领域为人们提供多样的服务，还会深入人们的生活，成为人们的个人管家、工作助手甚至朋友。

在这方面，Fable Studio 公司已经做了探索。聚焦人们的情感需求，Fable Studio 曾推出了一款陪伴式虚拟数字人 Lucy。Lucy 是一个可爱的 8 岁小女孩，可以自由和人沟通，给人贴心的关怀。2021 年，Fable Studio 又推出了新的陪伴式虚拟数字人 Charlie 和 Beck。它们具有强大的日常交互能力，能够像真人一样和人们对话，满足人们的沟通和陪伴需求。

总之，在未来，更多的现实活动将被逐渐搬进元宇宙中，而虚拟数字人、虚拟场景等也会更广泛地与现实相融，最终实现整个社会的数字化运转。

11.2.3 人与世界关系走向数字化

当前，随着互联网技术的发展，人们的生活越来越数字化，游戏、社交、消费等都可以在线上进行，形成了虚拟和现实两个世界，而元宇宙能够加深虚拟世界与现实世界的联系，将人们带入虚拟世界。在这一趋势下，世界的数字化发展也将从社会关系的数字化变为人与世界关系的数字化。

具体而言，元宇宙将从以下几个方面实现人与世界关系的数字化。

1. 生活方式的数字化

伴随着元宇宙的发展,越来越多的线下活动将迁移到线上,复刻到虚拟世界中。人们的游戏、观影等娱乐活动,逛街、选购等消费活动,上课、实验等学习活动,会议、谈判等工作活动都可以在元宇宙中实现。生活方式将全面走向数字化。

2. 生产方式的数字化

在生产方面,元宇宙将提供更先进的生产工具和沉浸式的生产空间。凭借数字孪生技术,产品的设计、制作、测试等流程都可以在虚拟世界中呈现,更好地指导现实生产。此外,元宇宙将为人们提供简便易用的创作工具和自由的创作空间,存在于元宇宙中的创作者经济也将实现爆发。

3. 资产创造的数字化

在元宇宙中,数字建筑设计、数字艺术品创作等领域将涌现出更多 UGC 内容。同时,在创作者经济的赋能下,海量数字资产将被持续创造。在不断的创作中,元宇宙会形成宏大的数字经济规模。

总之,在元宇宙发展的过程中,人与世界的关系将从各方面走向数字化。甚至在未来成熟的元宇宙中,人们可以将更多关系迁移到元宇宙中,实现数字化生存。

Chapter Twelve

第 12 章

未来前景：长路漫漫但前景光明

从当前的发展现状来看，元宇宙在发展过程中面临着诸多困境和风险。这些都会阻碍元宇宙发展的脚步。但从发展的眼光来看，元宇宙展现了无限的发展潜力，描绘出了一幅奇幻瑰丽的未来图景。虽然在发展路上有阻碍，但随着技术的发展和企业探索元宇宙脚步的加快，元宇宙终将迎来光明前景。

12.1 元宇宙之路道阻且长

当前，在很多人看好元宇宙发展的同时，也有一些人提出了对元宇宙的担忧。当前的技术水平并不足以支撑建立起大规模参与的、无限扩展的虚拟世界，同时，元宇宙的概念也尚需在更广范围内进行普及。此外，作为一项新兴事物，元宇宙在发展过程中势必会遇到诸多问题，如存在信息风险、失控风险、治理风险等，这些方面都是元宇宙在未来发展过程中需要解决的问题。

12.1.1 技术困境：难以实现大规模沉浸体验

在未来虚实相融的元宇宙中，虚拟世界和现实世界将会紧密联系在一起。人们可以通过 XR 连接进入元宇宙，真实感受元宇宙中传递出来的各种信息，获得超高沉浸感。同时，人们也可以向元宇宙输入信息，如语音、动作等，可以在其中与人自由交互。但以目前的技术水平来看，虚拟世界与现实世界的强连通还未建立，还需要长期的摸索和研究。

首先，当前所创造出来的虚拟世界还不能实现高沉浸体验，无法百分百还原现实世界。目前,以极佳画质著称的游戏《赛博朋克 2077》仅制作就耗时 8 年,虽然其画质已经超越了大部分游戏,但和 3D 电影中的画面还有很大差距。而元宇宙的画面要远远高于电影画面所呈现的精度与质感,如果相关技术和硬件没有突破性进展,是无法达到元宇宙要求的。

其次,当前的虚拟世界尚无法支持海量用户的实时在线。以 VR 社交平台 VRChat 为例,截至 2020 年 11 月,VRChat 同时在线人数达到 2.4 万,而元宇宙则需要具备更大的承载能力。让所有人进入元宇宙,意味着元宇宙需要容纳数以万计,甚至数以亿计的用户同时在线,这对网络服务器来说是一个巨大的考验。

最后,当前的虚拟世界缺乏内容生态建设。虽然一些 UGC 平台支持用户进行内容创作,但在所提供的工具上仍存在技术门槛,创作激励机制也并不完善,难以吸引更多用户参与到创作中来。而元宇宙的发展需要用户创作大量的 UGC 内容。只有降低内容的制作成本,提升内容生产效率,才能开辟新应用场景,实现多元化的元宇宙。

12.1.2 普及困境:元宇宙概念尚待普及

当前,在元宇宙概念大火之下,众多企业纷纷布局,进行了多方面的探索。但元宇宙的发展不只需要企业的入局,更需要广大用户的参与。而事实上,当前人们对于元宇宙这一新兴概念的认知程度和接受程度并不高,元宇宙概念还需要进行长期的普及。

美国咨询公司 Forrester Research 曾进行过一次调查。样本包含五百余名美国人和六百余名英国人。调查结果表明,28%的美国人和 36%的英国人认为元宇宙是一个可有可无的事物,对于现实世界和人们的虚拟体验没有影响;有 29%美国人和 34%的英国人并不了解什么是元宇宙。同时,13%的英国人和 19%的美国人认为企业应该布局元宇宙、提升元宇宙的体验等;24%的美国人和 17%的英国人愿意体验元宇宙。

此外,基金公司 Loup Fund 也曾进行了一个调研,了解人们对于元宇宙的意见,52.4%的人认为把时间用在现实世界中比用在虚拟世界中更有意义。由此可见,即使技术的进步使得元宇宙能够提供足以媲美现实世界的沉浸体验,仍有很多人认为将时间用在现实世界中更有意义。

当前,元宇宙的概念并未普及,仍很多人不了解或不认可元宇宙。这无疑会阻碍元宇宙的发展。未来,随着元宇宙应用的逐渐普及,更多人得以获得元宇宙体验之后,人们对于元宇宙的认知和接受程度才会逐渐提高。

12.1.3 信息风险:数据合规收集与管理方案尚不成熟

在当前的互联网中,诸多活动都是在线上进行的,人们在互联网中存储了海量个人数据,个人身份信息、活动数据等也被越来越多的平台所收集。一旦发生信息泄露的问题,会对人们的生活造成很大困扰。

而在由海量数据组成的元宇宙中,用户的身份信息、活动数据、虚拟资产等都会以数据的形式存储在元宇宙中,也将会面临来自多方面的信息风险。一旦发生信息安全问题,将会对用户造成致命打击。

元宇宙中的信息风险主要表现在两个方面。一方面,用户进入元宇宙需要使用多种硬件设备,这些设备不仅会访问用户的个人身份信息,还会收集用户的面部信息、表情、手部活动、语音、周边环境等数据。这意味着,硬件设备开发商将掌握大量的用户数据。在这个过程中,如果开发商过度采集用户数据,就会侵害用户隐私,同时,如果开发商恶意倒卖用户数据,也会危害用户的信息安全。另一方面,如果硬件设备或元宇宙平台被黑客攻击,不仅用户的个人数据会被泄露,其存储于平台中的虚拟资产也会化为乌有,使用户遭受巨大损失。

如何规避以上风险?数据安全离不开法律的支持。当前,我国已经出台了《中华人民共和国个人信息保护法》《中华人民共和国数据安全法》《中华人民共和国网络安全法》等多部维护数据安全的法律,明确了企业在经营过程中哪些数据可以共享、使用,同时明确了数据的侵权责任。这不仅提高了违法成本,避免了无序竞争,也保证了互联网能在健康的环境中实现良性发展。开发商的一切经营活动都要在合法合规的范围内进行,同时,为了保障用户信息安全,开发商也需要建立严格的监管机制避免用户数据的外泄。

只有保障用户的信息安全,元宇宙才能够吸引更多的流量,才能够在更多用户的创作中实现长久的发展。作为元宇宙中服务的提供者,企业需要不断提高自身安全防范能力，为用户创造安全、稳定的虚拟环境。

12.1.4　失控风险：技术和用户双重失控风险

2021年8月，科幻电影《失控玩家》上线，在展现虚拟世界奇幻场景的同时也引发了人们对于元宇宙的思考。在电影中，男主角Guy是一名银行职员，每天按时上班、在早餐店买咖啡、遭遇银行抢劫，周而复始地重复枯燥的生活，而Guy并没有对此感到疑惑，认为周围的世界和自己都是真实的。而事实上，在这个游戏创造出来的虚拟世界中，Guy只是一个由代码驱动的NPC，是玩家在游戏中的背景板。直到有一天，Guy遇到了一位让自己一见钟情的女生，从这一刻起，他就失控了。Guy脱离了代码的控制，做出了许多有悖于自己人物设定的出格行为，并开始拥有自己的记忆、感情和思想。

《失控玩家》的这一剧情设定展示了未来元宇宙中可能存在的一种失控风险，即NPC失控。在元宇宙中，为了使用户的体验更加丰富，会存在大量的NPC为用户提供服务。如果这些NPC摆脱了程序的控制，甚至产生了思想，那么整个元宇宙也会陷入混乱。

NPC失控的背后体现了元宇宙相关技术失控的风险。基于人工智能的深度学习模型，人工智能系统在接受外界输入的指令后，其自身的算法会自动进行特征提取、数据训练、自主学习等，最终生成认知结果。而人们并不能追踪算法的这些迭代过程，也无法保证算法得出的结果是正向的，这就体现了人工智能的风险。此外，从技术上来说，元宇宙是基于一系列软硬件搭建起来的技术系统。这个系统中的任何一项技术失控，都会对人们的生活造成重大影响。

除了技术失控外，元宇宙中的用户也存在失控的风险。元宇宙不仅能够复刻现实世界，还能够创造出内容丰富的奇幻内容，带给用户全新的体验。那么在巨大的吸引力下，人们会不会沉溺于元宇宙中的生活而忽视在现实世界中的创造？在未来，如果人们在元宇宙中拥有了完整的生活，那么那些在现实世界中生活不如意的人是否还愿意回归现实世界？这些问题都是无法控制的，尚需要完善的制度来规范人们的行为。因此，如何找到现实世界与元宇宙的平衡点，用技术推动人类社会的进步，是元宇宙在发展过程中需要解决的重要问题。

12.1.5 治理风险：缺乏完善统一的运行规则

要想实现长久发展，元宇宙中需要有一套完善的运行规则，以维持元宇宙中的秩序。理想状态下，元宇宙需要实现用户的协作共治。但事实上，要想实现这一目标还有很长的路要走。

2021年4月，在英伟达举办的GTC大会上，其创始人黄仁勋穿着标志性的皮夹克，在自家厨房里做了一场主题演讲，宣传公司的新产品。而在此次直播中，穿插了几秒钟的虚拟的黄仁勋形象和背景，整体表现十分逼真。

为了让虚拟形象和场景更接近真实，30多位工作人员使用先进的光线追踪技术，拍摄了上千张黄仁勋和厨房的照片，并在虚拟协作平台Omniverse中进行虚拟形象和场景建模、渲染等，最终实现以假乱真的虚拟场景。

在以上实践中，仅仅是一个虚拟片段，就耗费了大量的人力、财力，如果搭建一个拟真的虚拟世界，则需要投入更多的人力、财力，这意味着元宇宙是一个高投入的产业。无论是英伟达发布的Omniverse平台，还是Meta、腾讯、字节跳动斥巨资收购元宇宙相关企业、进行产品研发等，都表明了元宇宙有很高的参与门槛。当前市场中技术先进、资金雄厚的头部企业将成为元宇宙的核心玩家，而在这场资本游戏中，中小企业很难在其中生存。这将加剧元宇宙的商业垄断性。在这种情况下，互联网巨头将垄断大部分资源，各企业也会为了争夺资源产生矛盾进而爆发战争，而用户只有依附企业才能保障安全和正常的体验。

由此可见，虚拟世界同样需要规则和秩序，如果元宇宙被巨头垄断，那么其并不能提升人们的幸福感，而是会产生更多争执和矛盾。为了规范元宇宙的运行，需要有一套完善的运行规则，以保证各企业和用户的权益，营造和谐有序的运行环境。具体而言，元宇宙需要建立以下几方面的规范。

1）信息安全监管：为了更好地在元宇宙中生活，人们需要对元宇宙开放更多的个人信息，因此网络安全和隐私保护十分重要。为了避免不法分子窃取个人信息，元宇宙中需要具备完善的信息安全监管系统，督促企业合规运营，保障数据的安全。

2）互联网活动规范：元宇宙不能脱离现实而存在，其中的业务生态也要遵循所在国家的互联网活动规范，例如，经营互联网游戏或互联网新闻等需要取得专门的许可或备案、相关活动要依法开展等。

3）金融活动规范：元宇宙中有独立的经济系统，同时，其虚拟资产交易、纳税等经济活动也要符合相关的法律规定。

4）争议解决机制：元宇宙中需要建立完善的争议解决机制，以处理其中的纠纷。未来，元宇宙还需要建立相关执法、司法机构，如元宇宙警察局、元宇宙法院等。

当前，元宇宙还处于发展的萌芽阶段，运行规则尚不完善，存在较大的治理风险。未来，对于元宇宙中各方面的运行规则，还需要在不断的实践中摸索、完善。

12.2 可行的实践带来光明前景

当前，元宇宙还处于初期发展阶段，具有新兴事物不完善、不稳定的特征也是合理的。在未来长久的发展中，伴随着技术的不断发展，这些挑战都将迎刃而解。如今，关于元宇宙的新兴实践越来越多，描绘了元宇宙的光明前景。

12.2.1 游戏实践：在游戏世界中搭建元宇宙雏形

元宇宙在发展过程中会逐渐形成一个完善的、适合人们生存的虚拟世界。虽然这一目标遥不可及，但现在已经出现了一些成功实践，在虚拟世界中搭建起了初步的元宇宙生态。例如，建立在以太坊上的区块链游戏平台Decentraland就搭建了较为完善的虚拟生活场景。

登录Decentraland后，用户会得到一个虚拟化身，以此游览虚拟世界。同时，其中的虚拟化身和虚拟场景都设计得较为真实，十分接近人们日常生活中看到的世界，如图12-1所示。

同时，为了丰富元宇宙的形态，Decentraland从人们工作和生活的多角度入手，满足人们在虚拟世界中的更多需求。

扫描查看彩图

图 12-1　Decentraland 中的虚拟场景

一方面，Decentraland 能够满足用户衣食住行方面的基本需求。在"衣"方面，Decentraland 中存在多样的 NFT 皮肤，如各种风格的服装、鞋子等，甚至还有虚拟时尚品牌 RTFKT 在其中推出的流行服装；在"食"方面，已经有创作者在 Decentraland 中开设了虚拟的披萨店，支持顾客在其中购买披萨，同时将披萨送到顾客提供的现实中的地址；在"住"方面，Decentraland 中存在多样的虚拟住宅，人们可以在其中购买住宅并进行交易；在"行"方面，Decentraland 提供热气球、飞车等出行工具，丰富了人们的游览体验。

另一方面，在娱乐、学习、办公等其他方面，Decentraland 也进一步满足了人们的生活需求。Decentraland 中有游乐场、酒吧等虚拟娱乐场所，同时和现实世界联动，举办了虚拟世界杯、虚拟演唱会等，丰富了人们的娱乐生活。同时，Decentraland 中还建有大学城，开设了 VR 学院，让人们可以在其中学习 VR 知识，满足人们的学习需求。此外，Decentraland 中还存在多样的办公场景，支持企业在其中搭建虚拟场地。例如，国盛证券就在 Decentraland 中建设了虚拟总部，并可以在其中开展工作。该虚拟总部分为上下两层，一楼为国盛证券的研究报告展示区，点击其中的报告便可以跳转至详细的网页。二楼是国盛证券的直播和演播大厅，用于举办虚拟会议、直播活动等。

Decentraland 从多角度入手，搭建起了丰富的元宇宙场景，展现了一种人们在元宇宙中生活的雏形。未来，Decentraland 会进一步发展，新的元宇宙平台也会出现，在这些平台的共建下，更多现实场景将在元宇宙中实现复刻，支撑更多人在元宇宙中生活。

12.2.2 办公实践：Com2uS 开启元宇宙办公新世界

未来，元宇宙将如何变革人们的生活？或许有一天，当前的工作模式将被颠覆，人们可以获得更新奇、便捷的办公体验。

未来的办公场景可能是这样的：早上 8 点，你在闹钟声中醒来，开始慢悠悠地起床、洗漱、做饭、吃早餐。9 点，你来到书房，借助 VR 设备进入建在元宇宙中的虚拟公司上班。身边聚集着来自世界各地的同事，彼此之间可以自由地以虚拟化身沟通、互动等。10 点，你接到来自大洋彼岸的会议邀请，进入之后就会瞬间来到一个虚拟的会议室，在身临其境的场景中进行会议。到了 12 点下班的时候，会议结束，你关闭 VR 设备就退出了虚拟世界，开始享受自由的午休时间。

这样科幻的场景离人们并不遥远。当前已经有一些公司做了前瞻性的探索。2021 年末，韩国游戏公司 Com2uS 公布了其开发的元宇宙平台 Com2Verse 和预告片，展示了人们将如何在虚拟世界中工作，如图 12-2 所示。

扫描查看彩图

图 12-2　Com2Verse 打造的虚拟世界

Com2uS 公司表示将在 2022 年下半年让 2500 名员工入驻 Com2Verse，让员工在元宇宙中工作和生活。Com2Verse 将现实生活中的很多场景搬到了虚拟世界，力求为员工提供多元的工作和生活体验。

该平台分为 4 个区域，包括提供虚拟办公空间的 Office World（办公世界），提供金融、教育、流通等服务的 Commercial World（商业世界），提供游戏、电影、表演等服务的 Theme Park World（主题乐园世界），提供日常沟通服务的 Community World（社区世界）。Com2uS 公司通过一则短片展示了用户将如何在元宇宙中度过一天。

在 Com2Verse 的世界中，用户的工作活动是从走进公司大楼开始的，打卡、坐电梯、来到自己的工位上，和现实世界十分相似。坐在工位上后，用户眼前的屏幕中会弹出天气、日历、文件夹、待办事项等悬浮窗，引导用户开展工作。同时，用户还可以给桌子上的绿植浇水，感受到绿植的成长。

在交互方面，Com2Verse 设计了多样的交互模式。在接到私聊请求后，用户可以离开工位找到私聊对象，以语音视频的形式进行沟通。在工作会议中，参会者的眼前会显示出清晰的会议视频画面，同时可以自然地按照会议需要发言。

除了在其中便捷地开展工作外，用户还可以体验虚拟世界的其他区域，享受工作之外的休闲生活。此外，用户可以通过其活动和表现获得代币奖励。这体现了 Com2uS 公司布局完善元宇宙的野心：Com2uS 公司计划在虚拟世界中引入代币经济循环体系，助力元宇宙的完善运行。

此外，除了逐步将公司旗下的所有员工引入元宇宙外，Com2uS 公司还会和各行业的企业签约，建设更完善的元宇宙生态系统。未来，随着更多企业的入驻，Com2uS 公司将逐步打造出集休闲、办公、经济于一体的元宇宙都市。

Com2uS 公司的实践显示出了元宇宙的发展方向：元宇宙并不是为了方便办公而打造出的"打工人模拟器"，而是一个集合多种经济活动和社会活动、拥有自身运行规则的生活空间。未来，Com2Verse 平台会进一步发展，多样的元宇宙平台也会逐渐出现，这些都会加速元宇宙的形成。

12.2.3 交易实践：虚拟艺术品和虚拟土地交易频繁

在元宇宙尚处于发展中的当下，与之相关的以 NFT 为基础的虚拟交易已发展得如火如荼，这也显示了人们对于虚拟经济和元宇宙的看好。当前，在

NFT 交易方面，虚拟艺术品交易和虚拟土地交易是其中十分火热的两个细分领域。

1. 虚拟艺术品交易

2021 年 3 月 11 日，艺术家 Beeple 的 NFT 作品《每一天：前 5000 天》的成交刷新了数字艺术品的全新世界拍卖纪录。在此之后，与 NFT 相关的更多艺术品交易逐渐进入公众视野。

2021 年 3 月 25 日，北京悦·美术馆举办了"DoubleFat 双盈——首届 NFT 加密艺术展"，在开幕式上焚烧了艺术家冷军的一件绘画作品，并生成 NFT 艺术品进行竞拍，最终以 40 万元的价格成交。

2021 年 3 月 28 日，波场（TRON）创始人孙宇晨宣布成立 JUST NFT 基金，随后，JUST NFT 基金拍下了多件 NFT 作品，包括 Beeple、毕加索、安迪·沃霍尔等艺术家的 NFT 艺术品、《时代》杂志的 NFT 封面等。

显然，在当前的市场中，很多艺术家、收藏家、拍卖机构等都在尝试以 NFT 的方式进行艺术品交易，从艺术市场的发展现状来看，真伪问题一直是艺术品交易的一大难点，同时衍生出了诸多问题，如艺术家就版权问题进行维权事件频发、很多收藏家因真伪问题对收藏望而却步等。

而具有唯一性、稀缺属性的 NFT 和艺术品具有天然的相同之处。NFT 艺术品能够明确艺术品的版权归属、交易信息等，更能保证艺术家、收藏家等的权益。对于艺术品交易来说，NFT 交易方式的应用将改变艺术创作的格局，以往因版权问题难以形成更大市场的数字艺术、数码插画等艺术形式，将会获得更广阔的发展空间。

2. 虚拟土地交易

除了虚拟艺术品外，虚拟土地也展现了超强的吸金力。数据提供商 Dappradar 发布的数据显示，2021 年 11 月，Decentraland、The Sandbox 等 NFT 游戏中产生了大量的虚拟土地交易，交易量突破 2.28 亿美元。

虚拟土地交易能够给卖家带来可观的收益。例如，The Sanbox 中一块虚拟土地的最初标价为 99.9 美元，而在几经交易后，这块虚拟土地的价格达到了 6.8 万美元，价格翻了数百倍。再如，2021 年 12 月，Decentraland 中的一块虚拟土地以 243 万美元的价格成交，刷新了虚拟土地的成交记录。

当前，虚拟土地领域聚集着两类主体。第一类是虚拟土地供应商，包括 Decentraland、The Sandbox 等。第二类是企业或个人等买家。拥有了虚拟土地后，买家就可以将现实中的商业场景搬到虚拟世界中，开辟新的获利空间。例如，苏富比拍卖行就在 Decentraland 中建造了一个虚拟画廊，并在其中展示 NFT 拍卖品。在拍卖活动中，人们可以进入到虚拟画廊中近距离观看这些 NFT 作品，了解作品理念、创作者等相关信息，也可以参与竞价并购买 NFT 作品。

除了以上两大种类外，NFT 交易涉及的品类逐渐走向多元化。一条短信、一首歌、一个头像等都可以与 NFT 擦出火花。在"万物皆可 NFT"的趋势下，连接虚拟经济和现实经济的 NFT 将成为通往元宇宙的钥匙。

参 考 文 献

［1］清华大学新媒体研究中心．2020—2021年元宇宙发展研究报告［R/OL］．（2021-09-16）［2021-11-30］．https：//max.book118.com/html/2022/0114/6100135144004113.shtm．

［2］中信证券．元宇宙专题研究报告：从体验出发，打破虚拟和现实的边界［R/OL］．（2021-06-25）［2021-12-03］．https：//baijiahao.baidu.com/s?id=1703705514414259084&wfr=spider&for=pc．

［3］中信证券．元宇宙：人类的数字化生存，进入雏形探索期［R/OL］．（2021-09-12）［2021-12-09］．https：//www.163.com/dy/article/GPQEPBFK0511BHI0.html．

［4］天风证券．元宇宙：游戏系通往虚拟现实的方舟［R/OL］．（2021-05-01）［2021-12-17］．https：//max.book118.com/html/2022/0419/6045131141004135.shtm．

［5］中信证券．"从游戏到元宇宙"系列报告1［R/OL］．（2021-08-19）［2021-12-23］．https：//max.book118.com/html/2021/1203/5312341333004130.shtm．

［6］国盛证券．元宇宙：互联网的下一站［R/OL］．（2021-05-30）［2021-12-29］．https：//www.163.com/dy/article/GJCTKL7U0511ONOA.html．

［7］头豹研究院．元宇宙系列报告：元宇宙产业链及核心厂商发展路径分析［R/OL］．（2021-09）［2022-01-06］．https：//www.sohu.com/a/530847273_121238562．

［8］华西证券．元宇宙，下一个"生态级"科技主线［R/OL］．（2021-09-08）［2022-01-12］．https：//m.thepaper.cn/newsDetail_forward_14463936．

［9］东吴证券．2021年元宇宙框架梳理［R/OL］．（2021-12-07）［2022-01-25］．http：//www.capwhale.com/newsfile/details/20220210/a0e88203308f42a795683c5f448d1e56.shtml．

［10］中信证券．元宇宙的未来猜想和投资机遇［R/OL］．（2021-11-02）［2022-02-26］．http：//www.100ec.cn/detail--6603279.html．